밀레니얼의
일, 말, 삶

밀레니얼의 일, 말, 삶

김미라 지음

"젊은 세대는 버릇이 없고 기성세대는 대부분 꼰대다?"

성공 대신 성장을 꿈꾸고, 취향 존중을 요구하는 젊은 세대들이 다가온다

좋은땅

목차

PART 2 | 밀레니얼의 일과 삶

PART 3 | # 밀레니얼과 통하고 싶다면

프롤로그

최근 밀레니얼세대가 우리 사회의 주 활동 계층이 되면서 소비, 생산, 투자, 고용 등 사회의 전 분야에 영향력을 미치고 있다. 세대별 명칭(베이비붐세대, X세대, 밀레니얼세대, Z세대 등)에 대한 구분은 정의를 내리는 단체나 논자마다 차이가 있다. 밀레니얼세대를 정의한 자료를 분석하면 출생연도의 범위가 무려 1977~2004년까지 이른다.

통상적으로 밀레니얼세대를 1980년대부터 2000년대 초반 출생자로 구분하는 것에 무리는 없어 보인다. 그러나 한국 사회의 급격한 IT기술 발달과 압축 성장을 반영했을 때 같은 밀레니얼세대군에 속해도 10년 정도의 나이 차이가 나는 사람들은 서로 경험한 사건과 성장 배경이 다를 수 있다.

이은형 교수는 저서 《밀레니얼과 함께 일하는 법》에서 "80년대생만 해도 기존 선배 세대의 가치에서 완전히 벗어나지 못하는 면이 있었지만 90년대생부터는 뚜렷한 밀레니얼 특징을 가진다."라고 표현했다. 따라서 밀레니얼세대의 변화와 트렌드를 정확하게 분석하기 위해서는 젊은 밀레니얼, 즉 90년대생의 특징을 주의깊게 살펴볼 필요가 있다.

10년 후에는 전 세계적으로 노동인구의 85%를 밀레니얼세대가 차지할 것이라고 예상하고 있다. 국내 기업인 L전자의 경우는 이미 밀레니얼세대가 전체 인원의 50% 이상을 차지하고 있다. 기업과 기존 세대들은 새롭게 몰려들고 있는 신세대들을 조직 문화에 자연스럽게 흡수시키고 그들의 장점을 극대화시켜 함께 시너지를 낼 수 있는 방법을 고민해야 한다.

십수 년 동안 대기업을 비롯해 공공기관에서 커뮤니케이션, 인간관계, 리더십 강의를 진행하면서 CEO부터 신입 사원까지 조직 내 많은 사람들을 만나는 일을 하고 있다. 그 경험 속에서 확신하게 된 것이 한 가지 있다. 소위 말해 잘나가는 회사들의 공통점은 구성원들이 '원활한 소통'을 하고 있다는 것이다. 너무나 당연한 말인 것 같지만 아직도 많은 조직에서 원활하지 못한 소통 때문에 관계가 무너지고 리더십을 제때 발휘할 수 없으며 원하는 성과를 이루지 못하고 있다.

90년대생과의 소통을 주제로 책을 쓰게 된 결정적 계기는 2019년 여름에 만난 모 기업 교육 담당자의 하소연 때문이었다. 그는 조직에

90년대생들이 들어오면서 예전과는 다른 양상의 세대 갈등이 나타났다고 했다. 과거에는 새로운 사람이 조직에 들어오면 얼마 지나지 않아 곧 적응하게 되고 으레 조직 문화에 흡수되기 마련인데 유독 90년대생들은 물에 뜬 기름처럼 잘 섞이지 못한다고 했다. 기성세대들 역시 수평적인 조직문화로 변화해 가는 현실이 낯설고 이들을 어떻게 대해야 하는지 몰라서 애로사항이 많다고 했다. 그러면서 팀장급 대상으로는 '버릇없는 90년대생들과 잘 지내는 방법'으로 강의해 주고 사원급 대상으로는 '꼰대 상사와 잘 지내는 방법'을 주제로 강의해 달라는 요청을 해 왔다.

나는 교육을 준비하는 과정에서 우리의 시각에 커다란 문제점이 있다는 것을 인지했다. 조직에 존재하는 각기 다른 베이비붐세대, X세대, 밀레니얼세대의 이질성에만 초점을 맞추어 '버릇없는' '꼰대' 등의 부정적인 수식어를 세대를 대표하는 말로 사용한다는 것이다. '버릇없는' '꼰대'라는 수식어는 나와 다른 세대에 대한 선입견을 갖게 만든다. 이렇게 각 세대의 이질성에 초점을 맞추다 보면 갈등을 확대시키는 데에만 그칠 수 있다. 이질성을 다양성이라는 관점으로 전환하고 함께 협력해서 시너지를 낼 수 있는 해법을 찾는 노력까지 기울이는 게 진정한 세대 소통의 모습이라고 할 수 있다.

이 책은 밀레니얼세대의 특징을 가장 강하게 가지고 있는 90년대생의 특징을 파악하고 그들과 효과적으로 소통할 수 있는 방법을 제시한 실용서다. 내용은 크게 세 장으로 구성했다. 1장은 90년대생들의 성장배경과 가치관에서 나타나는 특징을, 2장은 일과 삶을 바라보는 그들의 시각에 대해 정리했다. 단순히 젊은 세대를 이해하는 목적을 넘어 시대의 흐름, 트렌드를 자각하도록 돕는다. 3장은 90년대생들과 함께하기 위한 대화법으로 다양한 상황에 적용할 수 있는 효과적인 말투를 제시했다.

이 책이 앞으로 우리의 미래를 책임질 젊은 세대를 바라보는 통찰력과 그들을 조직에 빠르게 융화시키고 잠재된 가치를 끌어낼 수 있는 소통 능력 향상의 교두보 역할을 해내길 바란다.

PART 1

밀레니얼은
왜 그럴까

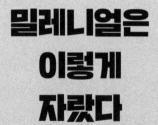

밀레니얼은
이렇게
자랐다

부모와 강력한 유대감을 가진 세대

가장 큰 영향력을 미친 존재

언제나 세대 차이는 있었고 그때마다 사람들은 세대 간 갈등을 경험했다. 요즘 조직에는 최소 4개의 서로 다른 세대가 공존하고 있다. 민주운동을 주도하며 386세대라고 불리던 1960년대생, 2000년대 초 IT 붐을 일으킨 1970년대생, 경제 위기를 체험하며 생존해 온 1980년대생, 디지털 혁명기에 태어난 1990년대생. 각각의 세대가 겪은 사건이 다른 것처럼 가치관도 서로 다르다. 그렇다면 이 세대 차이를 어떻게 해야 슬기롭게 극복할 수 있을까?

각 세대의 특징은 그들이 인생 초반에 동일하게 경험한 일들의 영향으로 나타난다. 90년대생들에게 가장 큰 영향력을 미친 존재는 바로 부모다. 한 인간이 성장하고 성격을 형성하는 데 부모의 역할은 중요하다. 90년대생들에게 부모는 좀 더 절대적이고 특별하다. 90년 대생의 부모는 주로 베이비붐세대이거나 70년대 초반의 빠른 X세대들이다.

90년대생의 부모들은 자녀에 대한 투자가 남달랐다. 그 무렵(1980~2000)의 출생률은 평균 1.5명으로 90년대생은 주로 형제가 한 명이거나 외동인 경우가 많다. 따라서 과거 세대와 비교해 부모에게 받게 되는 관심의 양과 질의 수준이 높아졌다. 이들의 부모는 대부분 자녀의 성공에 관심이 많고 강한 애착 관계를 형성하고 있다. 90년대생들은 과거 다른 세대들과 달리 부모와의 유대관계가 좋은 편이다.

우리나라의 입시제도 때문에 나타나는 과한 교육열 또한 빼놓을 수 없다. 현재 90년대생들이 대입을 치러야 했던 시기는 입학사정관제를 시작으로 학생부종합전형까지 아우른다. 그 시기는 대입제도의 큰 변화가 있었던 시기였다. 내신, 논술, 수능, 입학사정관제를 묶어 죽음의 사각형이라고 부를 만큼 전형이 복잡해졌다. 자녀와 부모 모두 혼란스럽고 부담스러운 교육환경을 겪어야 했다. 부모의 역할은 더 중요해졌고 엄마들은 우리 사회가 '극성맘을 부추기는 사회'라고 말했다.

자녀의 성공에 목매는 극성 부모는 사실 예전부터 존재했지만 얼마나 많은 사람들이 이것을 사회적인 문제로 인식하고 담론화시키는가에 따라 차이가 있다. 요즘은 극성 부모를 일컬어 '헬리콥터 맘'이라고 부른다. 마치 헬리콥터처럼 자녀 주변을 맴돌면서 관리한다고 해서 생긴 표현이다. 미국에서 처음 사용된 용어지만 한국판 헬리콥터 맘들이 미국보다 더하면 더했지 덜하지 않다는 의견이다. 그러나 헬리콥터 맘의 지나친 열정은 부작용을 낳기도 한다. 아이들이 어른이 된 후에도 간섭하는 부모들 때문이다. 이러한 부모의 지나친 간섭은 여러 차례 도마에 오른 적이 많다.

한 온라인 커뮤니티에 엄마가 소대장에게 사사건건 연락을 한다는 하소연이 올라왔다. 아들이 먹는 삼겹살의 지방 부위를 최소화해 달라는 것과 생일 파티 사진을 공유해 달라는 등의 요청을 한다는 내용이었다. 예전에 온라인을 강타했던 사연 중 군부대에 연락해 아들의 보직을 바꿔 달라고 하거나 초소 근무시간을 간섭한다는 내용도 있었다. 일각에서는 이런 간섭을 두고 군이 밀리터리 캠프가 된 것이 아니냐는 우려가 있을 정도다.[1]

군대가 이 정도라면 직장에서는 어떨지 예측할 수 있다. 입사 시점

---

[1] 세계일보, 「"우리 애는 살코기만"… 군부대에 뜬 엄마부대」 2020.2.4.

부터 퇴사까지 자녀가 겪는 회사 생활의 고충에 부모가 해결사로 나서는 경우가 많다. C 잡지사의 상사는 인턴 사원으로 근무하는 사원의 부모에게 "우리 아이를 사람들 있는 데서 창피하게 왜 혼냈나? 밥을 같이 안 먹는 건 왕따를 시키는 것 아닌가?"라는 내용의 전화를 받았고 사과를 해야 하는 건지 반박을 해야 하는 건지 난감했다고 한다. 90년대생들과 일하다 보면 상사들은 조만간 그들의 부모와도 함께 일하고 있다는 생각을 하게 될 것이다.

섬세한 '엄마 리더십'

톰 브로커는 '붐! 60대의 목소리(Boom! voices of the sixties)'에서 지금 세대들이 지구 역사상 가장 과잉보호 되는 아이들이라고 언급한 바 있다.[2] 자신의 자녀를 보호하려는 부모를 비난할 수는 없다. 하지만 이것이 성인이 된 후까지 지속된다면 문제가 될 것이다. 부모의 과잉보호 속에서 자란 젊은 세대들이 회사에서 보이는 특징은 다음과 같다. 성공에만 집착한 나머지 작은 실패도 견디지 못하고 좌절하는 경우가 많고 비판에 극도로 민감하여 쉽게 상처받고 의기소침해진다.

---

2 린 C 앵카스터 · 데이비트 스틸먼, 《밀레니얼 제너레이션》, 양유신 옮김(더숲, 2010)

그들에게는 새로운 리더십 유형인 엄마 리더십(Mom Leadership 혹은 Mothership)이 필요하다. 그들은 회사에서 엄마 역할을 대신해 줄 사람을 찾는다. 자신의 장단점을 잘 파악해서 강점은 끌어 올려 주고 약점은 보완해 주길 바란다. 엄마가 그랬던 것처럼 함께 문제를 공유하고 조언을 구할 수 있는 사람을 필요로 한다. 그들에게 상명하복의 카리스마형 리더는 불편하다. 내가 믿고 소통하고 고민을 나눌 수 있는 선배나 리더를 원한다.

"나는 평소에 팀원들과 자주 식사도 하고 회식 때면 일부러 젊은 친구들이 좋아하는 곳으로 가죠. 젊은 친구들과 통하는 면이 많다고 생각하는데 그들은 나에게 마음의 문을 열지 않는 것 같아요. 개인적인 일은 고사하고 회사의 문제도 상의하지 않아 신경이 쓰여요."

어느 팀장의 고백이다. 보통 리더들은 자주 식사를 하고 회식을 하면 소통을 잘하고 있다고 생각한다. 하지만 그것은 상사의 생각일 뿐 젊은 세대들에게는 월례 행사와 같이 형식적인 것에 불과하다.

우리는 베트남 국가대표팀 U-23의 감독 박항서의 섬세한 '엄마 리더십'에 주목할 필요가 있다. 박항서 감독이 베트남 선수에게 어떻게 동기 부여를 했는가에 대해서는 이미 많이 알려졌다. 박 감독은 무엇보다 선수들의 체력을 올리기 위해 영양 보충에 신경을 썼다. 고단백

식단과 간식을 직접 챙기고, 영양 예산을 늘리기 위해 본인이 호텔에 묵는 비용까지 줄였다. 아픈 선수의 발을 직접 마사지해 주는 따뜻함, 그리고 말은 안 통해도 마음을 전하는 소통을 했다.

박항서 감독은 자신이 선수들과 어떤 마음으로 소통했는지 다음과 같이 말했다. "선수들이 감독이나 코치들을 편하게 생각하지 않으면 팀이 하나가 될 수 없습니다. 그래서 일부러 선수들에게 더 가까이 다가갔습니다."[3] 권위 있는 감독이나 리더가 아니라 스스로 선수들에게 다가가서 소탈하게 소통함으로써 엄마와 같은 리더 역할을 했다.

서로 공감대가 형성되고 마음이 통하는 느낌이 들어야 편하게 소통할 수 있다. 직원과의 소통을 과제처럼 생각하면 불편하고 어색할 수 있다. 그들과 자연스러운 대화를 하기 위해서는 평소에 관심을 가지고 작은 주제로 대화를 시도하는 게 좋다.

현재 회사 상사들의 나이는 90년대생들의 부모와 같거나 비슷하다. 평소 자녀에게 관심을 갖고 소통을 자주 했던 부모라면 회사에 있는 90년대생들을 이해하기 쉬울 것이다. 마찬가지로 평소 부모와 잘 지내 온 90년대생들은 직장에서 상사를 부모처럼 믿고 따르고 싶

---

3 한준, 《어떻게 사람을 이끄는가》(비즈니스북스, 2019)

어 할 것이다. 그들은 직장에서 다른 세대들과의 협력과 상호 작용을 원하며 적극적인 가르침을 필요로 한다.

· 요약 ·

사회가 변하고 가족의 크기가 작아지자 부모들은 자녀들에게 세심한 관심을 가지기 시작했다. 가끔은 지나친 과잉보호로 '지구 역사상 가장 과잉보호되는 아이들'로 90년대생들이 언급되기도 한다. 이러한 양육 방식은 그들이 긍정적 자아를 형성하는 데 도움이 되기도 하지만 사회적인 문제를 야기한다. 성인이 돼서도 부모에게 의존하며 실패에 좌절하기 쉽고 상처도 잘 받는다. 부모와 익숙한 관계에서 벗어나 직장이라는 낯선 환경에서 잘 적응할 수 있도록 도움이 필요하다. 이들에게는 섬세한 엄마 리더십(Mothership)이 필요하다.

자아존중감이 높은 세대

'나' 중심적인 사고

90년대생을 이해하기 위한 주요 키워드 중 하나는 '나'이다. 그래서 이들은 '자기중심적이다.' '이기적이다.' '버릇이 없다.'라는 소리를 많이 듣기도 한다. 얼마 전 국민일보에 90년대생의 당돌함 때문에 난감했던 한 중소기업 임원의 사연이 소개됐다.

중소기업 임원은 "면접을 봤습니다. 이런 분수를 모르는 청년은 처음이네요."라는 제목으로 한 유명 온라인 커뮤니티에 글을 남겼다. 임원이 입사하면 하게 될 일에 대해 설명하자 청년은 "이거 단순노동 아닌가요?"라고 반문했다. 매우 정밀하고도 중요한 작업을 단순노동으로 여기는 태도에 순간 '욱'했지만 면접을 이어 갔다.

청년이 "남들이 제가 군대에서 따 온 폭발물질관리 및 안전관리 자격증이 있으면 입사해서 연봉 3500만~3600만 원 정도는 받을 수 있다고 한다."라고 했고 임원은 "우리 회사는 폭발물이나 위험물질을 취급하지 않고, 안전관리 자격증은 기술업무에 꼭 필요하지 않다. 하지만 업무활용에 반영될 수 있도록 참고는 하겠다."라고 했다. "저 정도면 다른 큰 비철 제조업체의 연구팀이나 품질팀에 근무하면서 3500만 원 이상은 받을 수 있습니다. 상무님은 저 얼마까지 맞춰 주실 수 있으신가요?" 청년의 질문에 임원은 당황스러웠다. "연봉 3500만 원은 석사학위 소유자 이상이 받을 수 있는 수준입니다." "여기는 저와 페이가 안 맞네요. 가겠습니다."

임원은 그렇게 인사도 없이 떠나는 청년을 보고 '회사 직원들과 함께 쌓아 온 모든 것이 부정되고 무시당한 느낌'이라고 했다. 이 글은 삽시간에 화제를 모았고 네티즌들은 갑론을박을 벌였다.[4]

사람들은 "자기가 세상의 중심인 줄 안다." "항상 자기들이 받을 것

---

4 국민일보, 정지용, 「'면접자 한 명이 중소기업을 깔아뭉갰다' 어느 임원의 한탄」, 2018.8.25.

만 물어보지 해 줄 것은 생각하지 않는다." "일찍부터 너무 많은 것을 요구한다." 등등 면접자의 태도를 지적했다. 한편 젊은 세대들의 입장에서는 "초봉이 너무 약했다." "당연한 주장이다."라며 그의 생각이 존중받기를 원하고 있었다. 둘 중 누가 옳은지 섣불리 판단할 수는 없다. 확실한 것은 "20년간 직원을 채용하면서 이런 경우는 처음 겪어 봤다."라는 임원의 말처럼 세상이 많이 변했다는 것이다.

90년대생의 부모들이 자녀를 양육할 때 가장 중요하게 생각한 것은 내 자녀의 '자아존중감'이었다. 자아존중감이란 자기 자신이 가치 있고 소중한 존재이며 유능하다고 믿는 긍정적인 마음이다. 이들의 부모들은 양육 방식에 있어 서구의 영향을 받기 시작한 세대다. 1970~1990년대의 북미권 가정에서는 '아이의 자존감 키워 주기'가 핫이슈였다. 그렇게 불기 시작한 바람은 1990년대에 우리나라에 영향을 끼치기 시작했다. 여성학자들에 의해 새로운 육아 지침서가 출간되었고 육아 전문가들이 방송에 나오기 시작했으며 모두 아이들의 자존감을 키워 주라고 충고했다.

자존감을 가질 수 있도록 끊임없이 칭찬을 받고 자란 90년대생의 자부심은 과도하게 커졌다. 자신의 가치와 중요성을 지나치게 과대평가하는 경우도 있었다. 미국의 아스펜 교육단체는 이를 '고삐 풀린 칭찬의 인플레이션'이라고 표현했다. 이런 칭찬의 인플레이션이 기성세대를 민망하게 하고 있다.

긍정적 피드백과 부정적 피드백을 균형 있게 듣고 자란 사람은 정확하게 자신을 평가할 수 있다. 어떤 일에 대해서 결정을 내릴 때도 스트레스를 덜 받는다. 반면 긍정적 피드백만 받고 자란 사람들은 부정적 피드백을 받으면 쉽게 충격을 받는다.

그들은 질책에 익숙하지가 않다. 상사에게 부정적인 피드백을 받으면 '내가 왜 그런 소리를 들어야 하지?'라며 부정당한 느낌을 수용하지 못한다. 특히 내가 원하지 않은 사람에게 듣는 충고나 조언은 불필요한 간섭이라 여기고 불쾌하게 생각한다. 질책을 담당하는 상사들도 골치 아프기는 마찬가지다. 관리자급들 사이에서는 괜히 어린 직원을 야단 쳤다가 관계가 어색해질까 봐 싫은 소리는 그냥 넘어가고 싶다고 한다. 이젠 회사에서 상사에게 꾸중 듣는 법과 부하 직원을 질책하는 기술 모두를 배워야 하는 시대가 됐다.

흔들리는 자존감

늘 당당할 것 같은 이들의 자존감도 어려운 현실 앞에서는 불안하게 흔들린다. 최근 우리 사회에 자존감 개발 열풍이 불고 있다. 기시미 이치로의 《미움받을 용기》는 출간 이후 최장기 베스트셀러 기록을 세웠다. 그 후로 지금까지 자존감이라는 키워드가 들어간 단행본이 수십 종 출간됐다. 그중 윤홍균의 《자존감 수업》은 출간 1년 1개월 만에 50만 부라는 판매를 기록했다.

청년들 사이에서 자존감 개발 열풍이 분다는 것은 우리 시대 청년들의 자존감이 흔들린다는 방증이다. 아르바이트 포털사이트 알바천국이 20대 616명을 대상으로 자존감 실태 조사를 했다. 전체 응답자 중 자신의 자존감이 낮다고 대답한 사람은 40%에 달했다. '나의 자존감이 낮아지는 순간'으로 1위는 행복해 보이는 지인의 SNS를 볼 때, 2위는 취업이 안 될 때, 3위는 가족의 기대에 부응하지 못할 때를 꼽았다.

전문가들은 20대의 자존감이 낮아지는 것은 시대와 사회적 요인이 크다고 분석한다. 경제의 저성장 기조 역시 무관하지 않다. 불경기로 인한 취업 압박에 시달리는 젊은 세대의 자존감은 더 낮아질 수밖에 없다. 취업 후 처음 사회생활을 하다 보면 대인 관계의 어려움을 겪게 되고 이는 이들의 자존감 형성에 큰 영향을 미친다. 특히 위계와 역할이 분명한 우리 사회 구조에서 자기 존중의 욕구를 주장하는 것은 쉽지 않다.

그렇다면 90년대생은 회사에서 언제 존중받지 못한다고 느낄까? 주로 일방적인 업무 지시, 불필요한 간섭 등 수직적인 커뮤니케이션 구조에서 불쾌감을 느낀다. 수평적 커뮤니케이션을 위해 최근 많은 조직에서 시도하는 것이 호칭이나 직급 체계의 변화다. 대표와 임직원 간의 소통의 장을 마련하는 경우도 있다.

또한 그들은 개인적인 취향이나 성향에 대한 비판을 받을 때 존중받지 못한다고 느낀다. 90년대생들은 획일화된 규칙을 따르기보다는 다양한 삶의 방식을 추구한다. 90년대생들이라고 모두 예의가 없거나 자기 생각만 하는 것은 아니다. 그들은 '요즘 젊은 것들은 이렇다.'라는 일반화를 달가워하지 않는다. 기본적으로 모든 사람은 다양성과 개별성을 지니고 있기 때문이다. 우리의 취향과 생각이 존중받아야 하는 것처럼 그들이 추구하는 삶의 방식과 가치를 인정해 주어야 한다. 그래야 서로 이해할 수 있다. 모든 것이 한 번에 바뀔 수는 없다. 변화를 위한 작은 노력이 조직 문화의 개선을 이룬다.

· 요약 ·

90년대생들의 부모에게 가장 중요한 것은 내 아이가 자아존중감 있는 사람으로 성장하는 것이었으므로 끊임없이 교육에 투자하고 아낌없는 칭찬을 해 주었다. 그 결과 90년생들의 자부심은 커졌고 자신이 소중하고 중요한 사람이라는 가치관을 지니게 되었다. 하지만 가정이나 학교에서 받았던 긍정적인 피드백에 익숙한 90년대생들은 직장생활 안에서 심리적 갈등을 겪는다. 부정적인 피드백을 수용할 능력이 부족하기 때문이다. 이들의 자존감은 어려운 현실 앞에서 쉽게 흔들린다. 전문가들은 20대의 자존감이 낮아지는 것은 시대와 사회적 요인이 크다고 분석한다. 특히 위계와 역할이 분명한 우리 사회 구조에서 존중의 욕구를 충족하기는 쉽지 않다.

디지털 지능을 가진 가장 똑똑한 세대

디지털 네이티브(Digital Native)

　고대 벽화에도 남아 있으며 그리스의 철학자 소크라테스 또한 한 말이 있다. "요즘 젊은이들은 버릇이 없다." 동서고금을 막론하고 누구나 청춘세대는 버릇없었고 세대 차이는 늘 존재했다. 기성세대는 자신이 옳다고 믿었고 젊은 세대는 그런 기성세대의 신념에 저항하고 도전해 왔다. 영국의 소설가 조지 오웰은 "각 세대는 스스로를 앞 세대보다 똑똑하고 뒤 세대보다 좀 더 지혜롭다고 생각한다."라는 명언을 남겼다. 우리도 한때는 스마트한 신세대였다. 하지만 새로운 천년으로 전환하는 시점에 태어난 세대는 완전히 다른 신인류의 느낌을 주는 게 사실이다.

"요즘 사람들은 일하는 게 확실히 달라요." G 연구소에 근무하는 80년대 후반생 관리자가 갓 입사한 90년대생을 두고 한 말이다. 두 사람의 나이차는 기껏해야 5~10년 차이인데 세대 간의 다름은 분명히 존재한다. 단순히 세대 차이라거나 나이 차이 때문이라고 하기에는 설명이 부족하다.

디지털 원주민이라는 용어는 90년대생의 특징을 잘 나타낸다. 또 이들을 디지털 네이티브(Digital Native)라고도 하는데 이는 미국의 교육학자 마크 프렌스키(Marc Prensky)의 논문에서 처음 사용된 용어다.[5] 90년대생은 휴대폰과 인터넷 확산이 이루어진 디지털 혁명기에 태어나 성장한 세대로 마치 모국어를 습득하듯 디지털 기능을 본능적으로 자유롭게 사용한다는 의미로 디지털 네이티브라고 부른다.

반면 80년대생은 디지털 이민자(Digital Immigrants)다. 디지털 이민자란 30대 이상의 기성세대들로 후천적인 학습으로 디지털 기술을 수용해 간 세대를 일컫는다. 오래도록 외국에서 살아도 원주민의 사고와 발음을 따라가기 어려운 것처럼 디지털 이민자들이 디지털 네이티브들의 능력을 따라가기 벅찰 수밖에 없다.

---

5 돈 탭스콧, 《디지털 네이티브》, 이진원 옮김(비즈니스북스, 2009)

점점 짧아지는 모바일 속 세상

대학생인 아들이 집을 나서기 전에 몸에 부착하는 것이 두 가지 있다. 콘텍트 렌즈와 에어팟이다. 하루 중에 에어팟을 끼고 있는 시간이 빼 놓는 시간보다 더 많은 날도 있다. 스마트폰과 연결된 에어팟으로 음악을 듣고 유튜버의 목소리도 들으며 통화도 한다. 블루투스가 에어팟과 스마트폰을 이어 주고 스마트폰은 아들을 다른 세계와 연결시켜 준다. 스마트폰은 오프라인과 온라인을 연결해 주는 개인용 포털이라고 볼 수 있다.

빠른 정보 제공을 위해 손바닥만 한 작은 스크린 안의 콘텐츠는 점점 간단해지고 있다. 긴 글은 꼭 필요한 정보가 아니라면 선호하지 않는다. 각종 메신저 앱에서도 텍스트보다는 이미지나 이모티콘, 동영상에 힘을 실으며 '제로 텍스트' 시대를 예고하고 있다. 점점 글자가 설 자리를 잃어 가고 있는데 이 제로 텍스트 현상을 이끌고 있는 것은 20대 이하의 젊은 세대들이다.

젊은 세대들이 가장 많이 찾는 콘텐츠는 유튜브 동영상이다. 아침에 눈을 떠서 잠들기 전까지 동영상을 시청한다. 동영상을 시청하는 목적은 오락부터 교육, 게임까지 다양하다. 이들이 즐겨 보는 동영상의 길이도 갈수록 짧아지고 있다. '한 입 크기의 과자'처럼 작은 콘텐츠를 의미하는 '스낵커블 콘텐츠(Snackable Content)'화가 되고 있는 것이다.

그들이 즐겨 사용하는 플랫폼에는 유튜브 외에도 인스타그램과 틱톡 등이 있다. 인스타그램에 올릴 수 있는 동영상의 길이는 최대 1분이고 틱톡은 겨우 15초다. 어느 날 강의장에서 만난 대학생이 틱톡커의 요리 영상을 보고 있기에 신기해서 물었다. "15초 안에 요리를 배울 수는 있는 거니?" 되돌아온 답은 "요즘은 2~3분짜리 영상도 지루해요."였다.

90년대생은 빠르게 바뀌는 환경에서 생존하기 적합한 다차원적 사고를 지녔다. 제프 프롬과 앤지 리드의 《최강소비권력 Z세대가 온다》라는 책에는 이런 내용이 있다. "Z세대는 종종 금붕어 같은 집중력을 지녔다는 오명을 쓰곤 한다. 그만큼 산만하다는 뜻이다. 하지만 사실은 집중력이 부족한 것이 아니라 이전 세대에 비해 이들의 뇌가 디지털 환경에 더 빠르게 적응하고 있는 것뿐이다. 이들은 8초 이내 또는 그보다 빨리 콘텐츠를 걸러 낼 수 있고 어떤 콘텐츠가 중요한지 어떤 콘텐츠에 관심을 둘 것인지를 순식간에 결정할 수 있다." 정보 처리의 속도가 빨라지면서 그들의 뇌도 함께 발전한 것이다.

디지털 기술을 받아들이고 사용하는 측면에서 젊은 세대가 기성세대를 앞서는 것은 당연한 현상이 됐다. 과거에는 아이들이 어른을 위해 도움을 주거나 유익한 일을 할 수 있을 것이라는 생각을 하지 못했다. 그러나 이제 가정에서도 부모가 자녀의 도움을 받아야 해결할 수 있는 일들이 생기고 있다. 모바일 도구나 소셜 네트워크와 같은 것들이 새롭게 등장할 때마다 그 의존도가 커지고 있다.

우리 주변에서 젊은 세대들이 기성세대들을 교육시키는 모습이 많아지고 있다. 용인시에 있는 S신협에서는 방학 기간마다 열리는 특별한 교육이 있다. 조합원의 자녀와 조합원 어르신들을 매칭해서 핸드폰 사용법 교육을 진행하는 것이다. 학생들은 봉사 시간만큼 점수를 받고 어르신들은 손주 같은 학생들에게 모바일 교육을 받을 수 있다. 세대 간 소통의 의미도 있고 효과도 있어 반응이 좋다고 한다. 이는 마치 기업에서 이루어지는 역멘토링(리버스 멘토링)을 연상하게 한다. 글로벌 컴퓨터 회사 IBM은 선배들이 신입 직원들에게 꾸준히 SNS 사용법과 스마트 기기 활용법에 대해 배운다. 글로벌 화장품 브랜드 에스티로더는 20대 직원들이 임원들을 일대일로 멘토링해 최근 잘나가는 채팅앱, 쇼핑앱 그리고 트렌드를 알려 준다. 국내 기업에서도 CGV, 롯데쇼핑, 소노호텔&리조트 등이 역멘토링(리버스 멘토링)을 도입해서 성과를 내고 있는 것으로 알려졌다.

사람은 끊임없이 배워야 한다. 어떤 분야에서는 기성세대가 권위

자일 수 있다. 하지만 다른 어떤 영역에서는 젊은 세대에게 도움을 요청해야 할 수도 있다. 이젠 이들의 디지털 지능을 빌려야 한다. 나이 어린 사람에게 배우는 것을 부끄러워하지 말아야 한다. 세대에 뒤처지거나 도태되지 않으려면 이런 배움의 자세가 필요하다.

· 요약 ·

90년대생들은 디지털 네이티브로서 기성세대와 다른 새로운 행동 양식을 가지고 있다. 아날로그보다 디지털에 익숙해 즉각적인 성향을 지니며 텍스트보다는 자의적인 해석이 가능한 이미지와 동영상을 선호한다. 모바일 속 콘텐츠는 점점 더 간단해지고 짧아지고 있고 정보 처리의 속도가 빨라지면서 그들의 뇌도 함께 발전했다. 이제는 디지털 기술을 받아들이고 사용하는 측면에서 젊은 세대가 기성세대를 앞서는 것은 당연한 현상이 됐다.

자신만의 목소리를 가진 세대

자신의 소신을 솔직하게 표출한다

90년대생들의 특징 중 하나는 솔직함이다. 그들은 두려움 없이 자신의 목소리를 낸다. 그리고 젊은 세대들은 자신들의 소신 발언이 아무리 작은 것이라도 스스럼없이 전달하기에 더 강하게 느껴진다. 90년대생들은 개개인의 취향을 존중받길 원하고, 싫어하는 감정마저도 취향으로 인정받길 원하는 세대다. 이로 인해 '싫존주의(싫어하는 것마저 존중)'라는 단어가 새로운 신조어로 떠오르기도 했다. 불편이 내 일상을 침범하면 무례를 참고 넘기는 것 대신 당당히 밝히는 방법을 찾기 시작한 것이다.

젊은 세대들은 자신이 싫어하는 것을 표현하는 데 있어 적극적이다. 표현 방법은 대부분 온라인을 통해 간접적으로 하는 편(60.5%)이었다. 카카오톡에서 친구 차단하기, 인스타그램 팔로우를 해제하기가 이에 해당된다. 그러나 싫어하는 것을 강요하는 집단이나 사람에게 직접 말하는 경우(47.6%)도 적지 않았다. 젊은 세대일수록 호불호 표현을 적극적으로 한다. '나'가 중심이 되는 세대이기 때문이다.

페이스북에는 독특한 페이지들이 많다. 그중 10만이 넘는 팔로워를 보유한 '오이를 싫어하는 사람들의 모임'이 있다. 김밥의 오이를 젓가락으로 일일이 빼느라 김밥이 흐트러지는 꼴을 보지 않아도 되는 세상, 냉면 주문 시 "오이 빼 주세요."라고 말할 필요가 없는 세상이 왔으면 좋겠다 등의 고충들이 눈에 띈다. 이 페이지의 개설자인 20대는 한 인터뷰에서 "처음엔 단순한 재미로 시작했는데 이렇게 많은 사람이 공감할 줄 몰랐다. 이런 현상을 통해 우리가 그동안 오이나 술처럼 특정 문화를 강요하는 분위기에 살고 있다는 것을 알게 됐다."라고 말했다.

또한 요즘 젊은 세대들은 회사에서도 궁금한 것이 있으면 두려움 없이 묻고 요청한다. 연봉 지급 기준, 보험 가입 여부, 보상과 패널티 등 필요한 제도나 혜택에 대해 묻는다. 개인의 권리 의식과 지식수준이 높아지면서 과거에는 문제가 되지 않았던 것에 대해 새롭게 알고 싶어 한다. 인터넷을 통해 자유롭게 의견을 펼칠 수 있고 새로운 이슈에 대한 토론과 비판 활동도 활발해졌다. 이 모든 것의 중심에는 자기표현에 익숙한 90년대생들이 있다.

그들은 회사에 처음 입사해 의사결정이나 중요 정보를 공유하지 않는 폐쇄적인 조직 문화를 낯설어 한다. 정보를 공유하면 훨씬 효율적으로 할 수 있는 일들인데 기성세대들이 이를 어렵게 만든다고 생각한다. 상의를 하고 싶은 것이 있으면 언제든지 얘기하라고 하면서 방문을 굳게 닫아 둔 상사들도 있다. 잘되는 조직은 구성원들과 정보를 공유하고 다양한 의견을 언제든지 수렴할 수 있는 조직이며 리더는 그 의견들을 바탕으로 현명한 의사결정을 이룬다. 즉, 의사결정은 수직적으로 이루어지는 것이 맞지만 의사소통은 수평적으로 이루어져야 한다.

수평적인 의사소통을 통한 업무 생산성과 사무 공간에는 상관관계가 있다. 영국 본드 대학교의 조직행동학 교수 리비 샌더(Libby Sander)는 일률적인 사무 공간 설계 방식보다는 직원들에게 다양한 선택지를 제공하는 설계 방식이 업무생산성을 높이는 데 중요한 역할을 한다고 설명한다. 《경영의 이동》의 저자 데이비드 버커스(David Burkus)는 생산성을 높이는 가장 빠른 길은 직원들이 스스로 자신에게 적합한 방식으로 일할 수 있도록 업무 공간을 선택하게 하는 것이라고 말했다. 과거 임원들의 자리는 대부분 사무실 안쪽에 배치하고 책상이나 가구는 권위를 나타내도록 큰 것을 사용했다. 위계질서를 강조하는 한국식 조직 문화가 사무실에서부터 나타나는 것이다.

SK하이닉스, 대웅제약, 퍼시스 등 많은 기업들이 새로운 사무 환경 문화를 위해 '자율 좌석제'를 시행하고 있다. 자신의 자리를 지정해 놓지 않고 매일 업무 상황에 따라 필요한 환경에서 일할 수 있도록 하는 것이다. 어떤 날은 1~2인실에서 혼자 작업할 수도 있고 카페, 라운지, 회의 공간 등에서 일하는 것도 가능하다. 자신의 의견과 생각을 자유롭게 제시하고 싶어 하는 젊은 세대들이 늘어나면서 서서히 조직의 업무 공간에 변화를 주는 기업들이 늘어나고 있다.

남들도 솔직하길 바란다

90년대생들은 자신이 솔직한 만큼 남들도 솔직하길 바란다. 정보통신의 발전으로 사회 전반적으로 투명성이 강조되고 있는 현상과 궤를 같이한다고 볼 수 있다. 현대 사회에서 기업의 투명성 문제는 생존 문제로 직결되기도 한다. 사실 기업의 입장에서 정보를 투명하게 공개한다는 것은 쉽지 않은 일이다. 다음 두 기업의 사례를 통해 기업의 투명성과 솔직함에 대한 중요성을 생각해 볼 수 있다.

◇ 애플

얼마 전 한 온라인 커뮤니티에서 제기된 애플에 대한 의혹이 사실로 드러나 신뢰도가 추락했다. 애플이 아이폰의 배터리 용량이 줄어들면 핸드폰의 성능 또한 낮아지게끔 운영체제를 업데이트했는데 문제는 사전에 이용자에게 이 사실을 알리지 않았다는 것이다. 일각에서는 신제품의 판매를 촉진하기 위한 사기 행각이 아니냐는 비판의 소리가 들려왔다. 이로 인해 미국을 비롯해 국내에서도 애플을 상대로 집단 소송을 벌였다. 관련 업계에서는 애플이 소비자들에게 사실을 투명하게 알리지 않고 감추는 바람에 화를 키웠다고 말했다. 결국 이 사건으로 애플은 2004년 '안테나 게이트'에 이어 '배터리 게이트'로 또 한번 '진실 은폐자'라는 불명예를 얻게 되었다.

회사 입장에서 손익 상황, 중요한 결함, 전략적 투자 등 기업 현황의 전반에 대해 공개하기란 쉽지 않다. 하지만 현대 사회에서는 정보 공유의 긍정적 효과가 리스크보다 크다는 사실을 알아야 한다.

◇ 하인즈

미국의 식품 회사 사장 헨리 하인즈는 어느 날 고민에 빠졌다. 자사 제품 첨가제에 장기 복용 시 문제가 될 만한 유독성분이 함유됐다는 사실을 알게 된 것이다. 첨가제를 빼자니 신선도에 문제가 생기고 공개를 하자니 같은 첨가제를 사용하는 동종 업체들에게 파장이 일어날 것이 뻔했다. 회사 내부에서도 의견이 분분했다.

그러나 하인즈는 솔직히 공개하기로 마음먹었고 "그동안 판매한 제품에 유독성분이 포함된 것을 발견했고 앞으로 절대 이 첨가제를 사용하지 않겠다."라는 발표를 했다. 예상대로 동종 업체들이 발칵 뒤집혔고 소비자들의 비난의 목소리가 높아졌다. 4년 동안 첨가제에 대한 공방이 이어졌고 하인즈는 파산 일보 직전까지 내몰렸다. 그러나 점점 대중들 사이에서 하인즈의 솔직한 행동을 지지하는 여론이 일어났고 투명하고 믿을 수 있는 식품이라는 이미지와 함께 하인즈는 돈으로 살 수 없는 신뢰를 얻게 되었다. 그 후 하인즈의 매출은 대폭 신장되었고 현재 세계적인 케첩 생산 업체 1위로 자리 잡게 되었다.

직장인 김 모 씨(27)는 잡플래닛에서 지원하고 싶은 회사의 리뷰를 보고 고민에 빠졌다. "직원을 소모품처럼 부리는 회사. 굳이 가야 하는가를 천 번 고민해 보세요." 잡플래닛, 캐치 등은 기업 리뷰, 연봉, 면접 후기 등의 정보를 공유하는 소셜 미디어 서비스다. 과거 기성세대들은 기업의 관점에서 제공된 정보를 기반으로 직장을 선택했다면 요즘 젊은 세대들은 기업과 전·현직자, 구직자가 함께 쌓아 간 솔직한 기업 정보를 신뢰한다. 사실 김 모 씨는 높은 연봉을 준다는 회사로 이직을 했지만 다시 회사를 찾는 중이다. 회사 분위기가 자신과 맞지 않았기 때문이다. 조직 문화와 같은 알짜 정보를 미리 알았다면 그런 시행착오를 줄일 수 있었을 것이다. 이처럼 진실과 자신의 소신을 공개적으로 말할 수 있는 창구가 늘어나면서 사회는 더욱 투명해지고 있다. 젊은 세대들에게 솔직함은 진실을 이야기하는 것이고 서로에 대한 존중이며 우리의 수준을 한층 더 높여 주는 것이다.

> **· 요약 ·**
>
> 90년대생들의 특징은 솔직함이다. 그들은 작은 사안이라도 자신의 소신에 따라 의견을 표출한다. 자신의 불편을 당당하게 말할 수 있는 내면에는 타인이 싫어하는 행동을 하지 않기 위해 신경 쓰겠다는 상호 존중의 의식을 지니고 있다. 이들은 인터넷으로 자연스러운 의견을 표출하는 것에 익숙한 만큼 조직 내에서도 수평적인 의사소통과 정보 공유를 지향한다. 또 정보화 사회에서 진실을 공개하고 공유하는 것은 비난과 비방을 위한 것이 아니라 더 투명한 사회를 만들기 위한 초석이라고 생각한다.

밀레니얼은
이렇게
생각한다

최고의 가치, 자유

스트리밍으로 더 자유롭게

90년대생들은 자유를 중요하게 여긴다. 그들은 어릴 때부터 휴대폰과 온라인을 기반으로 하는 플랫폼과 함께했다. 언제 어디에서나 원하는 서비스에 접속할 수 있는 자유를 누리며 살아왔다. 자신이 원하는 것을 원하는 시간에 얻을 수 있고 입맛에 맞게 선택할 수 있는 스트리밍 라이프(Streaming Life)에 익숙하다. 스트리밍이란 흐른다는 뜻으로 인터넷에서 음악이나 영상을 내려 받지 않고 실시간으로 계속 듣거나 볼 수 있는 콘텐츠 전송 방식을 말한다.

기성세대에게는 카세트와 CD플레이어로 음악 감상을 하던 시절이 있었다. 공테이프 앞뒷면에 원하는 노래를 빼곡히 담아 테이프가 늘어질 때까지 들었다. 좋아하는 가수의 신곡을 듣기 위해 발매 날까지 기다려 음반을 사거나 라디오 DJ가 선곡해 주기를 기다렸다. 이런 모습은 이제 아날로그 감성을 자극하는 옛 추억으로 사라졌다. 지금은 멜론, 지니, 엠넷 등등 다양한 플랫폼에서 원하는 노래를 손쉽게 들을 수 있다. 굳이 다운로드를 해 소유하지 않아도 수백 곡을 플레이리스트에 담기만 하면 된다. 90년대생은 이런 편의를 누리며 살아온 세대다.

과거에는 보고 싶은 드라마가 있으면 그 시간에 맞추어 집으로 가야 했다. 1990년대에 화제가 됐던 드라마 〈모래시계〉는 '귀가시계'라고 불리기도 했다. 드라마가 방영되는 시간이면 거리가 한산해졌기 때문이다. 그러나 지금은 자신이 원하는 시간에 원하는 매체를 통해 영상을 시청할 수 있다. 한꺼번에 몰아서 보는 '정주행'이 취미인 사람도 많다. 다양한 OTT(Over The Top: 인터넷을 통해 볼 수 있는 TV) 서비스 플랫폼에서 영상 스트리밍을 제공하기 때문이다. 이는 과거와 달리 시청자가 자유롭게 결정권을 갖게 되었다는 점에서도 큰 의미가 있다.

90년대생의 자유에 대한 탐색은 그들의 삶의 경험을 확장시키고 있다. 요즘 젊은이들 사이에서는 '한 달 살기'가 유행이다. 해외나 제

주도처럼 내가 살고 싶은 곳에서 거주 공간을 잠시 빌려 지내는 것이다. 사실 지금 젊은 세대들은 그들이 가진 욕망에 비해 경제적, 환경적 여유가 없는 편이다. 대신 인터넷과 디지털 기기만 있으면 시간과 장소에 구애 받지 않을 수 있다. 젊은 세대들은 이 둘의 타협점을 찾아 새로운 가치관을 만들어 내 익숙함에서 벗어나 자유롭고 창의적인 삶과 일을 추구하고 있다.

해외에서 한 달 살기를 실제 경험해 본 젊은 세대들은 "새로운 문화 속에 나를 던져 놓고 보면 한국에서의 삶이 객관적으로 보여요. 한국에서는 불가능한 삶이 여기에서는 가능하고 내가 한계라고 믿었던 것들이 깨지는 놀라운 경험을 하죠. 이제까지 살아온 방식대로 살지 않아도 된다는 걸 깨달은 후 다시 살아갈 에너지를 찾았습니다." "여행 후에 본 서울은 달라요. 다른 사람과 비교하지 않고 스스로의 속도에 맞춰 사는 게 행복하다는 걸 알기 때문이에요."라고 말한다. 물론 환경이 바뀌면서 오는 어려움이 힘들 수도 있지만 자아를 찾기 위한 자유로운 경험이 훨씬 더 값지다는 게 이들의 공통적인 생각이다.

자유와 유연성이 보장되는 직장을 원한다

자유로운 학생 시절을 마감하고 신입 사원으로 입사해 단기간에 조직에 적응하기란 쉽지 않다. 자유 의지가 강한 90년대생들은 위계적 조직과 상명하복이 강한 문화에 거부감을 갖는다. '묻지마'식의 지시는 그들의 열정을 식게 만든다. 워크넷의 조사 결과에 의하면 직장 상사에게 가장 듣기 싫은 말은 '그냥 시키는 대로 해.'(49.7%)였다. 다음으로는 '내가 사원 때는 더한 일도 했어.' '생각 좀 하면서 일해.' '벌써 퇴근해?' 등이 있었다. 모두 권위적이고 경직된 조직에서 자주 하는 말들이다.

사람들은 일을 통해 자신의 정체성을 형성하고 삶의 의미를 찾는다. 하지만 시키는 대로 하는 일은 나를 무기력하고 존재감 없는 사람으로 만든다. 상사가 이유나 설명도 없이 일을 시킨다면 직장인의 불쾌지수는 치솟게 된다. 누구나 반짝반짝했던 신입 사원 시절이 있었다. 그러나 그 똑똑한 직원들은 입사 후 몇 달만 지나면 금세 열정을 잃어버린다. 혹시 우리 회사가 사람들을 시들게 하는 조직은 아닌지 의사소통 체계, 상사나 관리자의 태도를 다각도로 점검해 봐야 한다. 또한 젊은 세대들은 우리에게 무엇을 원하는지 그들의 소리에 귀 기울일 필요가 있다.

세계 최대의 인터넷 동영상 서비스 업체인 넷플릭스(Netflix)는 젊은 세대의 소리를 잘 반영하고 있는 기업이다. 넷플릭스는 2007년 온라인 스트리밍 서비스를 시작한 후 시가총액 100조 원 이상의 가치를 보유한 회사가 됐다. 세계에서 가장 빠른 성장을 이룰 수 있었던 넷플릭스의 성공 비결에 많은 기업들이 주목하고 있다.

그들의 조직 운영 철학 중 하나는 '자유와 책임(Freedom& Responsibility culture)'이다. 넷플릭스에는 세세한 회사 정책이 없는데 그것이 바로 그들의 정책이다. 스스로의 판단과 책임 하에 집행하라는 최소의 규정만 있을 뿐이다. 휴가 제도 자체가 없으니 당연히 휴가 보고나 결재도 없다. 직원들은 업무 성과에 의해서만 평가받는다. 출장비도 재량껏 사용할 수 있다. 출장의 성과를 보고 가성비를 묻는 기준만 있으니 회사에 가장 유리한 방향으로 사용하면 된다. 단, 무한 자유에는 무한 책임이 따른다. 모든 직원은 철저하게 성과로 평가받고 반드시 자기 몫을 해야 한다. 치열한 생존 현장인 것이다.[6]

인터넷과 친숙한 90년대생들이 조직에 들어오면서 A팀장의 고민이 많아졌다. "컴퓨터에 많은 창을 열어 놓고 업무와 사적인 일을 동시에 처리하고 있는데 아무래도 허비되는 업무 시간이 많겠죠? 화를

---

6 패티 맥코드, 《파워풀》, 허란 옮김(한국경제신문, 2018)

낼 수도 없고." 스웨덴의 사회학자 롤랜드 폴센이 정의 내린 '공허노동'이라는 개념이 있다. 공허노동이란 회사에서 업무와 무관한 일에 시간을 보내는 행동을 일컫는 것으로 업무 시간에 하는 '딴짓'을 의미한다. 폴센의 연구에 따르면 직원들이 공허노동에 빠지는 원인은 '자신들의 업무를 의미 없고 지루한 일이라고 여기기 때문'이다.[7]

《생계형 인문학》의 저자 안성민은 한국의 기업에는 위계질서가 견고하다 보니 '눈치 문화'가 자리 잡고 있다고 지적했다. 이런 눈치 문화는 결국 사람들의 공허노동을 늘리는 결과를 가져오고 일의 의미를 찾지 못하는 것으로 귀결된다. 폴센은 "강력한 관리 감독이나 통제로 공허노동을 축소시키는 것은 최선의 방법은 아니다."라며 공허노동을 줄이기 위한 방안으로 "직무와 노동의 의미를 찾을 수 있는 기회를 직원에게 지속적으로 제공할 필요가 있다."라고 제안했다.

우리 기업들 중에는 이미 20~30대가 전체 인원의 60%를 넘어선 곳이 많다. 시대가 변하면서 세대는 교체될 수밖에 없고 조직의 문화도 그에 따라 변화해야 한다. 90년대생은 앞으로 우리 기업을 이끌어 나갈 주축이다. 그들의 니즈에 유연하고 민감하게 반응하는 기업만이 빠르게 앞서갈 수 있다. 그들은 많은 부분에서 자유를 누려 온 세대

---

7 혁신리더 2017.12호 「한국능률협회 컨설팅(KMCA)」

다. 그 세대의 특징과 직업 가치관에 주목해서 우리가 그들에게 제공할 수 있는 자유가 무엇인지 깊이 고민해야 한다.

· 요약 ·

90년대생은 자유를 중요하게 여긴다. 콘텐츠 소비도 자신의 입맛에 맞게 선택해서 사용하는 것이 익숙하다. 스트리밍을 통해 더욱 자유롭고 풍요로운 삶을 경험하길 원하고 자신의 삶이 늘 자유의 연장 속에 있기를 바란다. 과거 보수적인 의사소통 체계와 경직된 분위기의 조직은 90년대생들의 적응을 어렵게 만든다. 그들은 일터에서도 자신들의 자유와 유연성이 보장되길 바란다. 그리고 그런 사람들이 모인 최고의 회사에서 일하기를 원한다.

공정성과 투명함을 추구한다

공정한 시스템의 필요성

요즘 젊은 세대는 정직과 신뢰를 기반으로 한 '공정성'을 추구한다. HRD 용어 사전에 의하면 공정성(Equity)이란 특정 제도나 시스템을 적용하는 과정에서 적용받는 대상에 따라 편파적이거나 차별적으로 행하지 않는 것을 의미한다. 공공장소에서 한참 줄을 서서 차례를 기다리는데 누군가가 새치기를 해서 혜택을 받는다면 용납할 수 없는 것과 같다. 또한 선진국 대열에 들어선 나라일수록 공정성이 사회 시스템을 안정적으로 유지할 수 있는 필수 요소로 작용한다.

최근 우리 사회에는 젊은이들을 분노하게 만든 사건들이 많았다. S

여고의 시험지 유출 사건, 〈프로듀스 101〉투표 조작 의혹, 대기업 공채 채용 비리 등이다. 특히 입시나 취업에 관련된 문제들은 젊은 세대들에게 많은 공분을 샀다. '순위 매기기의 나라'에 살고 있는 우리 젊은 세대들에게는 결코 남 일이 아니기 때문이다. 사람들은 나와 밀접한 관련이 있는 이슈에 공정성이 훼손됐다고 느끼면 더 큰 분노를 느끼게 된다.

"돈도 실력이야. 능력이 없으면 너희 부모를 원망해." 운과 능력의 공정성에 대한 분노를 일으켰던 정유라의 말이다. SBS 스페셜에 〈운인가 능력인가, 공정성 전쟁〉이라는 불운 때문에 능력을 인정받지 못했다는 청춘들의 이야기가 방송된 적이 있다. 이와 관련해 이탈리아 카타니아 대학교 교수들의 실험이 소개됐다. 이들은 1천 명의 사람들을 40년간 관찰하면서 행운과 불운을 무작위로 겪게 하며 '성공과 운의 상관관계'에 대한 실험을 했다. 실험 결과는 놀라웠다. 이들 중에서 가장 큰 성공을 거둔 사람은 '운이 좋은 사람'이었다.

그렇다면 우리는 성공을 위해 운을 기다려야만 할까? 연구진들은 "사회가 운을 관리하면 더 많은 사람들이 성공할 수 있다."라고 말한다. 공정한 시스템이 있을 때 사회가 운과 불운을 관리할 수 있다. 공정함이라는 것은 결코 말로만 한다고 지켜질 수 있는 것이 아니다. 명문화시키거나 강제적인 시스템을 구축해야 제 기능을 하고 신뢰를 주게 된다. 신뢰가 보장되지 않은 제도들은 젊은 세대에게 적폐로 남을 뿐이다. 남에게 주어진 운을 탓하자는 것이 아니라 적어도 내 노력과 능력이 하찮게 여겨지는 일이 없도록 해야 한다는 말이다.

앞으로 우리가 만나게 될 젊은 세대들은 조직 내에서 더 높은 공정함을 요구할 것이다. 따라서 업무 배분과 일을 진행시키는 과정, 평가 단계에서 불공정하다고 느낄 수 있는 요소를 줄여 나가야 한다. 직원 입장에서는 '왜 나만 더 해야 하지?' '나는 왜 저 사람보다 낮은 평가를 받았지?' 등의 의문을 제기할 수 있다. 평가하는 단계에서도 최대한 공정한 평가를 위해 구체적인 데이터를 기반으로 납득할 수 있도록 소통하는 것이 중요하다. 젊고 유능한 인재일수록 불공평과 불합리함을 참거나 견디지 않는다는 점을 기억해야 한다.

'공정'을 외치다

이런 시스템이 사회에 정착하는 데에는 젊은 세대들의 영향이 크다. 김 모 씨(24, 아르바이트)는 어느 날 의류 하청공장에서 일하던 친구의 고민을 들었다. "반장이 근로계약서 작성을 계속 미룬다."라는 것인데 그 말을 듣고 친구에게 관할 지방 노동청에 신고할 것을 조언했다. 지방 노동청은 사주 측에 즉각 근로계약서를 작성하도록 조치했다. 김 모 씨는 그동안 단기 아르바이트의 계약을 양측 모두 쉽게 생각하는 경우가 많고 그러다 보니 불공정한 처리가 많아 이의를 제기했다고 말했다.

젊은 세대에게는 계약서에 명시되어 있는 사실이 공정성의 기준이다. 이 말은 계약서에 없는 과도한 책임과 의무를 요구하는 것은 공정성에 어긋난다는 의미다. 업무 시간이 9시부터 6시까지로 명시되어 있다면 그 시간만 일을 하면 된다고 생각한다. 눈치 때문에 몇 분 일찍 나와 업무를 준비해야 하는 분위기에 동의하지 않는다. 공정성을 요구하는 젊은 세대들의 모습이 기성세대의 입장에서는 다소 이기적으로 보일 수 있다. 그러나 이는 시대의 흐름으로 많은 기업들도 이런 변화를 수용하기 위해 노력하고 있다.

고용노동부에 따르면 직장 내 성희롱 진정 건수가 매년 늘고 있다고 한다. 성희롱 상담 게시판에 다음과 같은 문의가 올라왔다. "직장 상사가 회식 자리에서 '살찐 것 같은데 그만 먹어라.'라고 말해서 너무 불쾌했는데 성희롱에 해당할까요?"라는 질문이었다. 옷차림, 신체, 외모에 대한 성적인 평가로 인해 듣는 사람이 불쾌함을 느꼈다면 성희롱에 해당한다. 언어적 성희롱은 그 범주가 꽤 넓다. 과거에는 권력에 의한 성희롱은 어디에다 말하기도 어려웠고 설령 말한다 해도 그 화살이 피해자에게 돌아갔다. 하지만 지금의 공정성 기준은 '누구나 평등해야 한다.'라는 데 있기 때문에 예전처럼 약자나 피해자에게 화살이 돌아가는 일이 줄어들고 있다.

직장생활 중 가장 민감한 것은 평가의 공정성이다. 평가에 있어 절차적 투명성이 확보됐을 때 사람들은 그 결과를 받아들인다. 예를 들면 기업에서 연초에 한번 목표를 설정해 놓고 아무런 소통도 없다가 연말에 성과를 평가하는 시스템이라면 누구도 그 결과를 인정하지 않을 것이다. 대한상공회의소가 대기업과 중견기업 직장인 대상으로 실시한 '인사평가제도에 대한 직장인 인식조사'에 따르면 75.1%가 인사평가제도를 신뢰하지 않는다고 답했다. 평가를 얼마나 잘했느냐보다 중요한 것은 얼마나 공정했는가에 있다. 수시로 커뮤니케이션을 하면서 서로 기대하는 결과의 눈높이를 맞춰 갈 때 평가의 수용성을 높일 수 있다.

공정성은 개인적 차원을 넘어 타인과 사회에도 선한 영향력을 미친다. 인터넷과 SNS를 통해 회사들의 장점과 단점들이 투명하게 공개되고 있는 시대다. 기업들에서 솔직함이 보이지 않는다면 사람들은 인정하지 않는다. 20대는 윤리적 소비, 착한 소비에 관심이 높다. 착한 업체는 팔아 주자며 운동을 벌이기도 하는 반면 악행을 저지른 기업에는 불매 운동을 벌인다. 50년간 식품업을 유지해 온 오뚜기는 세금 성실 납부, 사회적 공헌, 비정규직 0% 등의 미담으로 화제가 됐다. 그 후로 젊은 사람들에 의해 착한 기업을 넘어 갓(God)뚜기로 불리고 있다.

사회에 공정성 요구가 확산된 원인은 젊은 세대의 의식 변화와 관련이 크다. 과거에는 불합리한 일인지도 모르고 넘겼던 것들에 이젠 참지 않고 적극적으로 대항하게 된 것이다. 〈대학내일〉 '20대 연구소'가 1984~2000년 출생자 900명을 대상으로 최근 자신의 소신 표현 경험을 물어본 결과 응답자의 92.3%가 소신을 표현한 적이 있다고 답했다. 표현 경로는 청와대 청원 또는 서명운동에 참여가 46.1%, SNS 해시태그 운동에 공감 표시가 42.5%, 대나무숲, 블라인드 익명 고발에 공감 표시가 30.8%, 그 외에 공감 가는 활동을 하는 단체에 후원 또는 직접 활동했다는 의견들이 있었다.

일각에서는 젊은 세대들이 공정성에 너무 예민하게 반응하는 것이 아니냐는 주장도 있다. 90년대생들은 경제적인 풍요와 양질의 교육 기회를 누리며 살아왔다. 대신에 늘 치열한 경쟁을 해야만 했다. 무한 경쟁에서 살아남기 위해서 젊은 세대가 가장 중요하게 생각하는 가치는 바로 공정성을 담보한 투명한 시스템이다. 스포츠 세계와 마찬가지로 공정한 규칙이 있어야 페어플레이를 할 수 있기 때문이다.

· 요약 ·

90년대생들은 공평하고 옳음에 대한 추구가 강하다. 나와 밀접한 관련이 있는 이슈에 공정성이 훼손되면 더 큰 분노를 느낀다. 이와 같은 공정함에 대한 열망은 사회 여러 곳으로 확대되고 있으며 조직 내에서 과거보다 더 높은 공정함을 요구한다. 공정한 평가제, 사실을 명시한 계약서나 매뉴얼을 중시하는 문화, 성차별이나 위계질서에 대한 변화가 이에 해당한다. 또한 20대는 윤리적 소비, 착한 소비에 대한 관심이 높다. 그들의 공정성은 개인적 차원을 넘어 타인과 사회에도 선한 영향력을 미친다.

나만의 가치와 의미를 추구한다

세상의 변화를 이끄는 힘

90년대생은 나의 관심과 참여가 사회를 더 나은 방향으로 변화시킬 수 있다고 생각한다. 특히 인권, 사회 정의, 환경 등의 문제에 열정적이며 사회에 선한 영향력을 미치고자 한다. 이들은 기부를 통해서도 자신의 가치관과 이미지를 표현한다. 온라인 환경에 익숙한 세대답게 SNS에 자신의 기부 활동을 알리며 인증을 한다. 예를 들면 굿즈(Goods: 기부를 하고 받는 기념품 또는 기부를 위해 구매하는 물품)를 구매해 SNS에 게재하며 '나는 기부하는 사람'임을 증명하는 것이다. 이렇게 그들은 함께 유대감을 이어 가며 기부 문화 확산에 긍정적으로 기여하고 있다.

세계의 변화를 위해 움직이는 행동주의자들이 점점 젊어지고 있다. 스웨덴의 환경운동가 그레타 툰베리(17)는 2019년 9월 UN 연설 당시 태양광 요트를 타고 뉴욕으로 향했다. 그는 탄소 중립성을 강조하기 위해서 항공기를 이용하지 않고 15일이나 걸려 대서양을 건넜다. 툰베리는 유엔 기후행동정상회의에서 세계 정상들을 향해 "여러분은 헛된 말로 제 꿈과 어린 시절을 빼앗았다."라며 상기된 목소리로 연설을 이어 갔으며 이를 계기로 세계 270여 지역의 젊은 환경운동가들이 그와 함께 기후 활동에 기꺼이 동참하고 있다.

미래학자 제러미 리프킨은 미래 기후 변화를 헤쳐 나갈 핵심 세대로 'Z세대'의 역할을 낙관했다. 그는 "전 지구적 비상사태에 직면해 미국과 유럽을 비롯한 세계의 젊은 세대는 그린 뉴딜에 대한 여론을 주도하며 사회를 혁명적으로 바꿀 대담한 정치 운동의 어젠다를 설정하고 있다."라며 "최대 유권자 그룹을 형성한 밀레니얼세대(1980년대 이후 출생 세대)와, 그다음의 Z세대(1990년대 이후 출생 세대)가 이제 기후 변화 문제의 해결을 촉구하고 나서고 있는 것이다."라고 설명했다.[8]

홍콩 민주화 시위를 이끈 조슈아 웡(23), 탈레반의 살해 위협에 맞

---

8 제러미 리프킨, 《글로벌 그린 뉴딜》, 안진환 옮김(민음사, 2020)

서 아동과 여성의 교육권을 위해 싸운 2014년 노벨평화상 수상자 말랄라 유사프자이(22) 등도 스스로의 힘으로 세상을 바꾸고 있는 젊은 세대다. 그들이 행동하는 이유는 자신들을 문제의 영향을 직접 받는 당사자라고 여기기 때문이다. 이런 생각은 또래뿐 아니라 같은 의견을 가진 기성세대들까지 행동하게 만드는 원동력이 되고 있다.

젊은 세대의 움직임은 잠깐 타올랐다 사라지는 것이 아니라 생활 속에서 끊임없는 행동과 실천으로 이어지고 있다. 사물인터넷(IoT) 쓰레기 분리 배출함을 만든 '오늘의 분리수거'는 지난해 사용자가 전년보다 13배 늘었다. 오늘의 분리수거는 사용자가 지정된 스마트 쓰레기통에 재활용품을 분리수거하면 앱에 기프티콘을 구매할 수 있는 포인트를 지급해 준다. 앱 창업자는 "전체 가입자의 75%가 필수로 환경을 생각하는 필(必)환경 세대인 밀레니얼세대와 Z세대"라고 말했다.

'우리 제품을 사지 마세요.'라는 광고로 더 유명해진 착한 기업 '파타고니아'가 있다. 어느 날부터 파타고니아의 직원들이 하나둘씩 아프기 시작했다. 회사에서 조사를 해 보니 옷 창고에서 포름알데히드가 검출됐다. 이를 계기로 파타고니아는 모든 제품에 유기농 목화에서 재배한 면을 사용한 친환경 제품을 만들었다. 또한 제작 과정에서 발생하는 환경 오염과 불필요한 소비를 경고하며 신제품을 구매하기 전에 중고품을 수선해서 입으라고 권하고 있다. 이렇게 생긴 매출의 1%는 환경단체에 기부한다. 이처럼 인간과 자연에 대한 책임감을 가진 기업의 제품에 젊은 세대들은 기꺼이 지갑을 연다. [9]

가수 소유가 사용한다고 알려져 입소문을 탄 브랜드 빈바디(Bean Body)의 바디제품이 있다. 공정무역을 통한 커피 파우더로 만든 스크럽이다. 최근에는 우리나라 드럭 스토어에도 입점해 쉽게 구매할 수 있는데 빈바디의 제품에는 'NOT TESTED ON ANIMALS'라는 로고가 박혀 있다. 이는 제품에 동물실험을 하지 않았다는 표시다. 젊은 세대들은 제품을 구매할 때도 윤리적 마크를 확인하고 그 기업이 어떤 사회적 공헌을 하고 있는지 고려한다.

이러한 현상이 확산될 수 있는 이유는 SNS가 그들의 소신 표출의 통로로 사용되기 때문이다. 이들은 온라인을 통해 문화와 환경이 전혀 달라도 동일한 생각을 한다는 걸 확인하고 있다. 이런 연대를 믿고 젊은 세대들은 사회의 변화를 위해 자신 있게 행동에 나설 수 있게 됐다. 이들은 일상 속에서 늘 의견을 공유하고 있으며 이 영향으로 같은 생각을 하는 기성세대들까지 행동에 동참하게 만든다.

---

9 중앙일보, 유부혁·우상조, 「파타고니아 제품을 사면 안 되는 이유」 2016.12.11.

일을 통해 의미를 찾다

최근 많은 기업들이 SNS나 홈페이지를 통해 자신들이 사회에 기여하고 있는 바를 강조하고 있다. 스타벅스는 홈페이지에 윤리경영 보고서, 환경보호 활동, 지역사회참여 활동 등을 소개하고 있다. 방문자들에게 사회적 영향력을 시각적으로 보여 주기 위함인데 젊은 세대들이 직장을 선택할 때도 기업의 사회적 책임 활동을 중요하게 생각하기 때문이다.

한 컨설팅 업체의 조사에 의하면 20~30대의 70%는 사회에 대한 공헌활동이 회사를 결정하는 데 영향을 주었다고 했으며 또 활동에 직접 참여한 직원은 회사에 더 높은 충성심을 보였다는 결과가 있다. 그러나 안타깝게도 많은 기업들이 세상을 위해 좋은 일을 하고 있다는 것을 어떻게 알려야 하는지 모르고 있다. 90년대생이 회사를 고르며 제일 먼저 방문하는 곳이 웹사이트다. 기업들은 이러한 홍보 채널을 통해 자신들의 기여를 적극적으로 강조할 필요가 있다.

90년대생들은 자신들이 사회의 변화에 끊임없이 기여하고 있음을 느끼고 싶어 한다. 이런 현상은 직장 내에서도 나타난다. 자신이 무엇에 기여하고 있고 어떤 가치 있는 일을 하는지 궁금해한다. 그래서 그들은 질문이 많다. 어떤 일을 맡기면 "왜요? 왜 그 일을 제가 해야 하죠?"라는 식이다. 기성세대는 이런 질문이 저항의 의미 같아 당황스럽다. 하지만 그들은 자신이 하는 일에 충분한 설명을 기대하고 있는 것이다.

90년대생은 자신의 일을 통해 의미를 찾고 자아실현을 하기를 원한다. 주어진 일이 자신을 성장시키지 못하고 보람을 주지 못하면 금세 좌절하고 냉소적으로 변한다. 이런 모습을 옆에서 지켜보는 선배들의 시각은 회의적이다. "왜 저렇게 일을 대충 할까?" "저 정도 스펙으로 들어와서 왜 능력을 보여 주지 못하는 걸까?" 90년대생들이 유난스러워 보이는 것은 세대별로 직장을 바라보는 시각과 일의 의미가 다르기 때문이다.

베이비붐세대들은 회사에서 열심히 일해서 업적을 성취해 나가는 것을 당연한 것으로 생각했다. 남보다 많이 노력해서 계층을 상승시키고 그에 걸맞은 역할을 하는 것을 '의미 있는 일'이라고 여겼다. 그 시절 그들을 열심히 뛸 수 있게 만들었던 원동력 중 하나는 노력한 만큼 따라오는 만족스러운 성과였다.

X세대들이 사회생활을 시작한 때는 정치적으로는 비교적 안정기였지만 경제적으로는 암울한 시기였다. 1997년의 외환위기, 2008년의 금융위기는 평생직장에 대한 개념을 변화시켰다. 그들은 언제 사

라질지 모르고 또 헌신해 봐야 헌신짝이 될 수 있는 직장에 모든 것을 걸지 않기로 했다. 그보다는 실력과 경력을 쌓아 자신의 몸값을 높이기에 열중했다. 샐러던트(샐러리맨과 스튜던트의 합성어)가 생겨나고 자기계발 열풍이 시작됐다. X세대는 의미 있는 일과 생존을 위한 일 사이에서 늘 갈등하는 세대이다.

90년대생들은 꽤 안정된 가정 속에서 자랐다. 부모는 자녀들에게 초점을 맞추기 시작했다. 모든 면에서 양보다는 질을 강조했고 질을 확보하기 위해서는 경쟁이 필수였다. 이들은 무리를 해서라도 교육투자를 해 준 부모 덕분에 최고의 스펙을 갖추게 됐고 "잘할 수 있는 분야를 찾아 집중해야 해." "행복하게 일하려면 의미 있는 일을 찾아야 해."라는 격려를 받고 자랐다. 그런데 회사에 들어왔더니 허드렛일을 하고 시키는 일만 해야 한다. '내가 이 일을 하려고 그렇게 힘든 준비를 했던가.' 일의 의미를 찾지 못하겠다는 그들의 말은 회사에 대한 기대감과 자신의 가치에 대한 괴리감 때문일 수 있다. 그리고 그 차이를 극복하지 못하면 쿨하게 퇴사를 선택한다. 이런 점이 기성세대와 가장 큰 차이점이기도 하다.

일에서 의미를 찾겠다는 것은 열정이 있다는 뜻이고 일을 잘해 내고 싶은 마음이 있기 때문이다. 기성세대들은 그들에게 그들이 하는 일과 조직의 비전이나 가치가 관련되어 있음을 일깨워 줄 필요가 있다. 그리고 일의 의미를 찾을 수 있도록 해 주어야 한다. 가치관이 명확한 직원이 조직에 대한 헌신도가 높다는 연구 결과도 있다. 열정적인 직원을 찾아내서 움직이게 하고 또 머물게 하는 것은 경영 성과에도 큰 영향을 미친다.

· 요약 ·

90년대생은 자신의 관심과 참여가 사회를 개선시킬 수 있다고 생각한다. 환경을 중요하게 생각하며 인권, 사회 정의 등의 문제에 선한 영향력을 미치려고 한다. 이러한 특징은 착한 소비를 추구하는 모습으로 나타난다. 끊임없는 가치 추구 현상은 직장 내에서도 마찬가지다. 이들은 직장을 선택할 때도 기업의 사회적 책임 활동을 중요하게 생각하며 가치 있고 의미 있는 일을 통해서 자아실현을 이루길 원한다.

PART 2

밀레니얼의
일과 삶

밀레니얼은
이렇게
일한다

워라밸, 일과 삶 사이 절묘한 균형 잡기

집처럼 편한 곳은 없다

워라밸은 일과 삶의 균형을 뜻하는 'Work-life balance'의 줄임말인데, 90년대생은 이 '워라밸'을 선택이 아닌 기본으로 생각한다. 조금 더 솔직히 말하자면 일과 사생활이 충돌할 경우 사생활을 더 우선시하는 세대다. 그들은 직장생활과 사생활을 명확하게 구분하며 퇴근 후 시간을 자신을 성장시킬 수 있는 자기계발이나 취미에 사용하거나 가족, 연인과 함께 즐긴다. 자기애가 강한 90년대생에게 중심이 되는 것은 '나의 행복'이기 때문이다.

주 52시간 근무제의 시행은 직장인의 생활 패턴을 바꾸고 있다. 많

은 글로벌 컨설팅 회사들이 매년 연령 집단 연구 보고서를 꾸준히 펴내고 있는데, 그들의 보고서에 따르면 워라밸은 전 세계 젊은 세대에게 공통적으로 나타나는 특징이다. 미국의 한 조사기관(Families& Work institute)의 발표에 의하면, 대졸 남성들이 직장에서 승진을 삶의 목표로 두고 있는 비율이 10년 전보다 16%나 감소했다. 여성의 경우는 무려 20% 가까이 줄었다. 임원이나 최고경영자 자리에 오르겠다는 꿈은 더더욱 없다. 전문가들은 이러한 경향이 젊은 세대들의 삶의 우선순위가 바뀌었기 때문이라고 해석한다. 직장에 많은 비중을 두었던 삶에서 개인의 삶으로 또는 가정의 삶으로 우선순위가 옮겨 간 것이다.

90년대생들은 끊임없이 무엇인가를 채우려는 시도를 한다. 이런 모습은 그들의 소비 현상에서 알 수 있다. 요즘 20대 사이에서 홈카페, 홈캠핑, 홈무비 등 취미 생활 용품이 인기를 끌고 있다. 그들에게 집은 단순히 먹고 자는 거주지가 아닌 휴식과 힐링을 주는 공간이다. 그들은 심리적 피로에 지친 자신을 위로해 줄 공간으로 집을 선택했다. 사람과의 관계에 신경 쓰기보다는 집에서 자기 자신을 돌보며 시간을 쓰는 시간을 늘리고 있다.

젊은 세대들은 하고 싶은 일은 많고 시간은 부족한 '시간 빈곤'에 시달린다. 따라서 생활 속 불필요한 노력과 시간을 줄여 주거나 효과를 극대화시켜 주는 제품과 서비스를 선호한다. 편리함을 주는 것이라면 돈이 더 들더라도 소비해서 프리미엄한 생활을 누리겠다는 것이다.

《트렌드 코리아 2020》에서는 '편리미엄'을 올해 이슈 키워드로 꼽았다. 편리미엄이란 '편리함과 프리미엄의 합성어'로 편리한 것이 프리미엄한 것이라는 의미다. 편리미엄을 가능하게 해 주는 '삼신가전'이라 불리는 제품들이 있다. 삼신은 '새롭게 등장한 필수 가전 세 개'와 '노동력을 줄여 준 신이 준 세 물건'이라는 중의적인 의미를 가지고 있다. 빨래 건조기, 식기세척기, 로봇 청소기가 대표적인 삼신가전이다. 이들의 공통점은 가사 노동에 드는 시간을 줄여 준다는 것이다. 편리미엄 제품의 소비자는 주로 젊은 세대다. 1인 가구와 젊은 맞벌이 부부가 늘면서 시간을 효율성으로 대체하려는 욕구가 커지고 있다.

저녁 11시에 현관문 앞에 세탁물을 내놓고 잠자리에 들었다. 다음 날 아침 7시에 현관문을 열면 이미 '세탁특공대'에서 세탁물을 수거해 갔고 '마켓컬리'에서 배달시킨 아침 식사 재료가 있다. 요즘 젊은 사람들의 편리미엄 풍경을 따라 해 봤는데 여간 편할 수가 없다. 편리미엄을 중시하는 젊은 세대에게는 모바일 장보기 앱이 인기다. 손질된 신선 식품이나 소포장 단위의 상품을 배송 받아서 요리 시간을 줄인다. 이러한 소비 특징은 새벽 배송 서비스로 확산되었다. 세탁물 앱을 이용하면 밤이나 새벽에 세탁물을 수거해서 세탁 후 2~3일 안에 문 앞으로 배달해 준다. 과거에는 상상도 못했던 서비스들이 늘어나고 있다. 그들은 장을 보기 위해 들이는 시간이나 세탁을 위해 들이는 노력을 감안하면 비용에 대비해 효과적인 서비스라고 생각한다.

편리미엄 시장에 특히 가사 노동 비용을 줄여 주는 제품이나 서비스가 성장한 데는 이유가 있다. 소비의 주축이 된 젊은 세대들이 가족과 함께하는 시간을 소중하게 생각하기 때문이다. 90년대생들은 다른 세대와는 달리 부모의 관심을 많이 받고 자랐다. 부모는 자녀와 많은 시간을 보내고 싶어 했고 권위적인 모습 대신 친구 같은 역할을 해 주었다. 그들 역시 부모의 지혜를 존경하며 의지하고 허물없이 지냈다. 자신들의 관심사를 공유하기도 하고 시간이 허락하면 함께 여행, 영화, 음악도 자주 즐긴다. 그들에게 집은 따뜻한 안식처이고 가족과 시간을 보내는 것은 당연한 일이기에 가사 노동에 드는 시간을 줄여 그 시간을 활용하길 원한다.

직장에 부는 변화의 바람

'내가 원하는 나'에 집중하기 시작한 젊은 세대들이 조직에 들어오고 있다. 기존 조직 문화에 익숙해진 선배 세대와의 견해 차이나 해석의 차이는 당연히 존재한다. 그중 하나가 회식이다. 선배나 리더의 입장에서는 바쁜 와중에도 팀원들의 단합을 위해 어렵게 회식 자리를 만든다. 그러나 젊은 세대들에게 상명하복의 조직문화가 드러나는 불편한 회식은 근무의 연장일 뿐이다. 요즘 여기저기서 젊은 세대들은 회식을 싫어한다는 말도 들리고 실제로도 그런 것 같다.

그러나 그들이 무조건 회식을 싫어하는 것은 아니다. 취업 포털 사이트 파인드 잡에서 조사한 결과에 따르면 직장인이 회식을 꺼리는 이유는 '퇴근 후 여가 시간을 즐길 수 없어서'였다. 개인 시간을 중시하는 90년대생들의 특징을 보여 준다.

얼마 전 한국공항공사는 신입 사원 교육 교재에 구시대적인 '회식 예절' 문항으로 비판을 받은 후 이를 개선하는 방안으로 '3無2有(삼무투유)' '119' 등의 회식문화 캠페인을 진행 중이다. '3無'는 잔 돌리기, 건배사, 회식 참석 및 음주 강요 금지, '2有'는 회식 사전 공지, 모두가 행복한 시간 도모를 의미한다. '119 캠페인'은 '1차까지만, 1가지 술로, 9시 이전에 종료'하는 것을 뜻한다. 많은 기업들이 불필요하고 잦은 회식을 지양하고 강압적으로 술을 마시는 회식에서 벗어나려고

노력하고 있다.[10]

야근을 하려는 팀장이 "저녁 뭐 시켜 줄까?" 묻자 젊은 팀원이 "퇴근시켜 주세요."라고 답했다는 이야기가 있다. 그들은 습관성 잔업, 눈치 야근, 주말 특근 등이 근면함을 증명한다는 관례에 반기를 든다. 업무량이 많아 집에서 일하는 상황에 놓이더라도 워라밸을 유지하려고 한다.

리더들 역시 워라밸의 가치에는 공감을 한다. 하지만 직장에서의 일을 시간 내에 무 자르듯이 잘라서 관리하는 것은 어렵다고 말한다. 중요한 회의나 회사 일정이 있음에도 개인 시간을 우선시하는 사원이 꼭 있다. 뻔히 바쁜 시즌인 줄 알면서도 휴가를 쓰는 모습에 과연 성숙한 직장인의 모습인가 의문이 든다고 한다. 회사의 구성원이 된 이상 회사와의 시간 조율은 필요하다. 워라밸은 '일과 삶의 균형'이라는 강박감보다는 '일과 삶의 조율'이 더 맞는 표현일 수도 있다.

---

10 CEO스코어데일리, 박경배, 「한국공항공사 "잔 돌리기·건배사 금지"… '119 회식문화' 캠페인」, 2019.9.1.

· 요약 ·

90년대생은 일과 삶의 균형을 중요하게 생각한다. 워라밸의 특징은 전 세계 젊은 세대에게 공통적으로 나타난다. 90년대생들은 하루의 스트레스를 해소해 줄 수 있는 자신만의 공간으로 집을 선택했다. 그들은 편리미엄을 추구하며 가사 노동에 드는 시간을 줄여 가족과 함께하거나 개인의 여가를 즐기기를 원한다. 시대의 흐름에 맞춰 기업에도 주 52시간 집중근무와 조기퇴근을 권장하는 문화가 확산되고 있다. 회사의 구성원들이 된 이상 더 나은 조직 문화를 위해 회사와의 시간 조율은 필요하다는 의견이다.

합리적이고 효율적인 방식을 추구한다

효율성을 따지는 '인강세대'

90년대생들은 편리와 효율성이 습관화되어 있는 세대다. 이들은 자신을 위한 선택과 집중이 확실하고 모든 면에서 효율성을 추구한다. 어릴 때부터 강의 내용도 취사선택하여 효율적으로 공부해 온 '인강(인터넷 강의)세대'다. 인강은 시간과 장소에 구애를 받지 않는다. 부족한 부분은 반복적 학습이 가능하고 잘 아는 부분은 1.5배, 2배로 속도를 올리거나 건너뛰어 공부 시간을 절약할 수 있다. 또한 자신에게 맞는 교재와 선생님을 선택할 수 있어 개인 맞춤형 학습이 가능하다. 현장 강의에 비해 비용도 저렴하다. 90년대생들은 인강을 들으면서 목표 달성을 위한 효율적인 방법을 찾는 훈련을 자연스럽게 하게 됐다.

90년대생은 소비에서도 합리적이고 효율적인 방식을 추구한다. 이들은 제품과 서비스가 필요할 때 구매와 소유보다는 빌려 쓰는 공유 방식을 선호한다. 젊은 세대의 이런 소비 현상은 하나의 새로운 경제 패러다임으로 자리 잡았다. 이를 '공유경제'라고 부른다. 공유경제라는 개념은 2008년 하버드대 교수 로렌스 레식의 《리믹스》란 책에서 처음으로 사용되었다. 대표적인 공유경제로는 숙박 공유 서비스인 에어비앤비, 차량 공유 서비스인 우버 등을 꼽을 수 있다. 현재 공유경제의 확산을 가속화하고 있는 주인공은 스마트폰으로 플랫폼을 능숙하게 활용하는 젊은 세대들이다.

이러한 공유 서비스는 여러 업계에 확산되고 있다. 특히 자동차 전문가들은 앞으로 카셰어링(Car Sharing)이 본격화될 것이라는 분석을 내놓고 있다. 카셰어링은 여러 사람이 한 대의 자동차를 시간 단위로 나눠 쓰는 것이다. 소비자의 입장에서 카셰어링의 큰 장점은 자동차 감가상각비, 세금 등에 대한 비용 절감이다. 경제적인 효율성을 중요시하는 20대를 중심으로 카셰어링 서비스가 폭발적으로 증가하고 있다. 실제로 한국소비자원의 '카셰어링 서비스 이용자 분석 결과'에 따르면 전체 이용자 중 20대의 이용률이 73%에 육박한다고 한다.

또 90년대생들이 가장 많이 이용하는 것 중 하나는 '모빌리티 공유 서비스'이다. 전동 킥보드 서비스 '킥고잉'은 출퇴근하는 직장인과 캠퍼스를 누비는 대학생들의 대여율이 가장 높다고 밝혔다. 이용자들은 "자전거·킥보드를 소유하기보다 공유 서비스를 이용하는 것이 훨씬 효율적이다."라는 의견이다.

많은 전문가들이 젊은 세대들을 통해 공유경제가 확산되고 있는 이유 중 하나로 넉넉지 않은 경제 현상을 꼽는다. 성장률이 정체된 저성장 시대, 취업난 등의 이유로 가계 소득이 저하됐다. 그러나 어렸을 때부터 풍요로운 환경 속에서 자라 온 90년대생들은 소비의 질적 측면을 중요시하고 누릴 것은 누려야 한다고 생각한다. 그렇기 때문에 최소한의 투자로 최대한의 만족감을 얻기 위해 소유보다는 공유를 선택했다. 효용을 추구하는 소비 현상은 비단 젊은 세대에만 국한되지 않는다. 이는 30~40대까지 이어지면서 사회 전반적으로 영향력을 확대하고 있다.

90년대생들은 요식 행위와 허례허식보다는 실용성에 무게를 둔다. 타인을 의식하기보다는 스스로의 만족감을 우선으로 두기 때문에 가능한 일이다. 요즘은 회사에서의 복장도 간편복으로 바뀌는 추세이다. 정장을 입은 사람을 찾기 어렵고 출퇴근복과 일상의 옷차림이 크게 다르지 않으며 젊은 세대들은 이런 패션을 SNS에 공유하기를 좋아한다. 인스타그램의 해시태그 '데일리룩'은 늘 검색어 상위권에 든다.

이들에게 많으면 많을수록 좋은 '다다익선'은 부담스러운 가치다. 1인 가구가 늘어나면서 필요 이상 소유해서 생기는 잉여를 최대한 줄이려는 소비 현상을 보인다. 이들을 겨냥하여 포장지를 최소화한 '소포장 과일'과 '소용량 맥주'가 출시되고 원하는 만큼만 식료품을 구매할 수 있는 '제로 웨이스트(Zero Waste) 샵' 등이 출현하고 있다. 제로 웨이스트란 포장을 줄이거나 재활용이 가능한 재료를 사용해서 쓰레기를 줄이려는 세계적인 움직임이다. 실용성을 추구하는 젊은 소비자에 맞춰 소비시장도 변화하고 있다.

업무도 빠르고 효율적으로

효율적인 방법을 찾는 데 익숙한 습관은 그들의 업무 태도에서도 나타난다. 90년대생들이 회사에 입사해 가장 처음 느끼는 회의감은 선배들의 '보여 주기식 업무'다. 예를 들면 의미 없는 주말 출근, 습관적인 야근, 이해 안 되는 의전, 형식에 집착한 보고서 등이다.

대한상공회의소와 맥킨지가 공동으로 국내 100개 기업의 직장인 4만 명을 대상으로 실시한 '한국 기업문화 실태 진단'이 있다. 야근, 회의, 보고 등 한국 고유의 기업 문화에 대한 호감 여부를 조사한 결과, '습관적 야근'이 31점으로 가장 낮은 점수를 받았다. 야근의 단초를 제공하는 '비효율적 회의(39점)' '과도한 보고(41점)' '소통 없는 일방적 업무 지시(55점)'도 낮은 점수를 받았다. 이는 모두 비효율적인 업무 프로세스의 대표적인 사례들이다.

90년대생들은 더 이상 집단에 대한 과한 소속감, 직속 상사에 대한 수직적 소속감을 느끼지 않는다. 그들이 보여 주는 껍데기뿐인 성과에 집착하는 구조를 거부한다. 소소한 일들에 쫓겨 정작 중요한 일을 제대로 하지 못하거나 시간 부족으로 인한 불만족스러운 결과를 방지하기 위해 효율적인 업무 프로세스를 적극적으로 요구한다.

이에 맞춰 우리의 조직 문화도 조금씩 변하고 있다. 산림청에서는 조직 문화를 혁신하고 효율적인 업무 환경을 조성하기 위한 업무 다이어트를 시작했다. 간부들이 솔선수범하여 작성한 실천 선언서에는 '행사 참여 시 수행 인원 최소화' '결재 대기 시간 10분 이내로 단축' '구두 보고를 원칙으로 하며 서면 보고는 1장으로 최소화' 등의 내용이 있다.

현대카드는 진짜 필요한 회의를 하기 위해 보고 중심의 회의를 없 앴다. 정기 업무 보고는 매월 이메일 보고로 대체하게 했다. 그 대신 매주 이슈들을 중점적으로 토론하는 '포커스 미팅'을 진행한다. 단, 회의 자료는 5장을 넘기지 않도록 간단하게 만들어야 한다. 이처럼 많은 기업들이 생산성 향상을 위해 업무 방식과 조직 문화의 근본적 인 변화를 위해 노력하고 있다.

> **· 요약 ·**
>
> 90년대생들은 자신들에게 가장 효율적인 방법이 무엇인지 찾고 선택하는 습관을 가졌다. 그들은 소비에서도 합리적이고 효율적인 방식을 추구한다. 소유보다는 공유 방식을 선택하여 최소한의 투자를 통해 최대한의 만족감을 얻으며 사회 전반적으로 공유경제 확산을 가속화시키고 있다. 효율성을 추구하는 습관은 이들의 업무 태도에서도 나타난다. 과거의 비효율적인 업무에서 벗어나 좀 더 생산적이고 효율적인 업무 프로세스를 적극적으로 원한다.

빠른 자만이 살아남는다

더 빠르고 더 간편하게

90년대생의 확실한 특징 중 하나는 길고 복잡한 것을 좋아하지 않는다는 것이다. 그들은 뉴스를 볼 때도 축약되고 짧게 편집된 정보를 찾아 빠르게 흡수하는 것을 좋아한다. 그들의 이러한 특징은 정보 소비 시장에 '클리핑 신드롬'을 일으켰다. '클리핑'이란 웹상에서 특정 정보나 뉴스를 선별해서 요약, 발췌해 주는 작업을 말한다. 페이스북의 뉴스피드가 대표적인 예이다. 요즘 젊은 세대들은 읽을 가치가 없거나 자신에게 필요 없는 기사들로 시간을 낭비하지 않는다. 뉴스 모니터링 어플을 이용해 이슈가 되는 기사만 배달 받는다. 또한 관심 있는 키워드를 미리 입력해 두고 필요한 뉴스만 쉽고 빠르게 접한다.

왜 이들은 간편하고 빠른 것을 선호하게 되었을까? 이들은 어린 시절부터 점점 빠르게 진화하는 인터넷 속도를 즐기며 자라 왔다. 시시각각 변하는 세상에 맞추기 위해 정보의 핵심만을 흡수해 필요할 때 바로바로 인터넷에 접속할 수 있는 상태를 유지해야 한다. 90년대생에게 속도는 생존을 위한 필수 요소다. 앞으로 이들을 겨냥할 콘텐츠들은 내용은 충실하되 분량은 짧아야 한다.

요즘 대학생들은 노트 대신에 태블릿 pc를 이용해서 수업을 듣고 필기를 한다. 90년대생들은 강의장에서 태블릿 pc를 사용한 첫 세대다. 종이에서 스크린으로의 변화는 문서를 읽고 집중하는 정도에도 변화를 주었다. 책은 선형적인 반면 온라인 게시물은 비선형적인 방식이다. 그들은 긴 글을 읽을 시간에 여러 웹사이트를 넘나들며 더 많은 정보를 훑어보는 것을 효과적이라고 여긴다. 정보를 읽는 방법이 달라진 것이다. 그래서인지 요즘은 책을 읽기보다는 책 내용을 듣는 오디오북 시장이 성장세를 달리고 있다. 오디오북 업체 오디언소리에 따르면 2018년 상반기 기준 국내 오디오북 유료 이용 회원 수는 35만 1,428명이다. 전년도 같은 기간 이용 회원 수인 7만 4천여 명에 비해 377% 증가했다.[11] 소비자들이 오디오북을 이용하는 가장 큰 이유는 간편함이다. 요리를 하면서 듣거나 운동을 하면서 들을 수 있

---

11 동아일보, 「AI스피커 덕에… '귀로 읽는 책' 오디오북 시장 급성장」 2018.7.27.

다. 눈을 감고 들을 수도 있다. 다른 일을 하면서 정보를 습득할 수 있기에 시간 절약이 가능하다. 미래에는 '책을 듣다.'가 '책을 읽다.'보다 훨씬 익숙한 표현이 될지 모른다.

빠르고 간편함을 추구하는 90년대생들의 특징은 커뮤니케이션 방식에서도 잘 나타난다. 그들은 빠른 커뮤니케이션에 능하며 기성세대들이 선호하는 방식과는 다른 방법으로 소통한다. 한 통신사에서 조사한 자료에 의하면 명절 안부 인사를 전하는 방식에도 연령별로 차이가 있었다. 40대 이상은 통화량이 많았고 20대 이하는 데이터 사용량이 많았다. 즉, 연령이 높을수록 전화 통화를 선호했고 연령이 낮을수록 메신저를 이용한 커뮤니케이션을 선호했다.

메신저를 이용한 커뮤니케이션을 선호한 나머지 퇴직 의사를 카톡으로 통보하는 신 풍성까지 생겨났다. 인사·총무 담당자들이 모여 있는 인터넷 카페에는 이런 문의 글도 올라왔다. '입사한 지 2주 된 직원이 회사가 맞지 않아 출근이 어렵겠다는 카톡 하나만 남기고 무단 퇴사를 하였습니다. 사직 처리를 어떻게 해야 하나요?' 더 놀라운 것은 그 글에 비슷한 일을 겪은 인사 담당자들의 댓글이 꼬리를 물며 달렸다는 것이다.

기성세대는 직접 퇴직 의사를 전하는 것이 당연하며 예의라고 생각한다. 반면에 젊은 세대는 복잡한 절차를 기피하고 감정적 소모를 줄이는 방법이 최선이라고 생각한다. 이런 심리에 힘입어 일본에서는 젊은이들을 위한 퇴직 대행 서비스가 성행이라고 한다. 퇴직 대행 서비스란 의뢰인의 회사에 퇴직 의사 전달부터 시작해 모든 과정을 일사천리로 처리해 주는 서비스다.

고객과의 커뮤니케이션에 있어서도 연령별로 많은 차이가 난다. 50~60년대생은 만남이나 전화 통화 횟수에 비례해 고객과의 관계가 유지된다고 생각한다. 70~80년대생은 친소 관계에 따라 비중을 조절할 필요가 있다고 생각하며 일단 문자나 이메일로 간단한 요지를 먼저 전달한 후 필요하다면 통화나 미팅을 진행한다. 90년대생은 미팅과 통화는 되도록 피하고 싶어 한다. 이메일이나 문자로 요지를 전달하는 것만으로도 충분하다고 생각하기 때문이다.

텍스트 기반의 소통 방식은 대면 커뮤니케이션의 기회를 뺏어 오히려 소통에 방해를 일으키기도 한다. 요즘 심심치 않게 들리는 단어가 바로 '콜포비아 현상'이다. 콜포비아란 전화와 공포증의 합성어로 전화 통화를 기피하는 현상을 말한다. 젊은 세대들이 메신저나 문자에는 익숙한 반면 전화를 통한 음성 커뮤니케이션을 점점 두려워하고 힘들어한다. 심한 경우는 벨소리만 들어도 두려움을 느낀다고 한다. 신입 사원이 직장생활을 하면서 가장 두려운 순간이 '전화 통화'

라고 말할 만큼 콜포비아 현상은 젊은 세대에 만연해 있다.

세대별 소통 방법의 차이는 소통 매너의 기준까지 다르게 만든다. 기성세대는 '개념 없는 문자'를 비매너라고 생각하는 반면 젊은 세대는 '무턱대고 전화'를 비매너로 여긴다. 기성세대는 길게 말해야 잘 설명된다고 생각하는 반면 젊은 세대는 짧은 말일수록 임팩트 있다고 생각한다. 어느 세대건 자신들이 기반으로 삼았던 커뮤니케이션 방법을 한 번에 바꾸기란 쉽지 않다. 따라서 다른 세대가 모여 원활한 소통을 이루기 위해서는 서로의 특징을 이해한 조금 더 세심한 접근이 필요하다.

속도와 혁신이 조직 문화를 바꾼다

90년대생은 일을 빠르고 효율적으로 처리해야 유능하다는 강박관념이 있다. 커뮤니케이션, 업무 처리, 승진 등 직장생활의 모든 부분에서 빠른 속도를 기대한다. 세계경제포럼(WEF)의 클라우스 슈밥 회장은 "새로운 세계에서는 큰 물고기가 작은 물고기를 먹는 것이 아니라, 빠른 물고기가 느린 물고기를 먹는다."라고 말했다.[12] 그의 주장처럼 4차 산업시대에 살고 있는 우리에게 속도와 혁신은 당연하고 자연스러운 현상이다.

변화의 속도가 빨라진 만큼 원하는 것을 얻는 속도 또한 빨라졌다. 특히 실시간 반응에 길들여진 90년대생들은 상사의 즉각적인 피드백을 원한다. 피드백이 필요한 안건에 대해 시간을 끌지 않고 지금 바로 해 주는 '피드나우(Feed Now)'를 원한다. 수정할 필요가 있다면 그것을 어떻게 수정해야 하는지 정확하게 말해 주길 바란다. 그래야 불필요한 수정 없이 일을 빠르게 끝낼 수 있기 때문이다. 복잡하고 무의미한 보고 체계, 시간이 걸리는 의사 결정 방식 등 기존의 업무 체계에 적극적인 개선 의지를 보인다.

그렇다면 기업들은 90년대생들의 속도에 어떻게 반응하고 있을까? 젊은 세대가 조직의 다수를 차지하는 기업들은 그들의 속도에 맞춰 환경을 변화시키고 있다. 현대카드는 올해 신속하고 유연한 조직 문화를 만들기 위해 직급 체계를 개편했다. 기존의 부장-차장-과장-대리-사원 등의 5단계 직급을 시니어 매니저-매니저-어소시에이트의

---

12 클라우스 슈밥, 《클라우스 슈밥의 제4차 산업혁명》, 송경진 옮김(메가스터디북스, 2016)

3단계로 줄였다. 보고 체계를 간소화해서 수평적인 소통 문화를 만들어 업무의 효율성을 높이기 위해서다.

광동제약 역시 젊고 빠른 조직으로 변신하기 위해 직급 체계를 7단계(사원~부장)에서 4단계(G1~G4)로 간소화했다. 직급과 관계없이 호칭을 '님'으로 통일하고 존칭을 사용하도록 했다. 이를 통해 회사에 상호 존중의 문화가 확산되고, 보다 수평적이고 유연한 조직으로 변모할 것으로 기대하고 있다.

젊은 세대들의 가치관과 일하는 방식은 단순히 세대 차이를 논하는 과정을 넘어서 현재 우리 사회의 변화를 주도하는 시대 현상이 되었다. 이들과 어울려 어떻게 함께 일해야 할 것인지 끊임없는 관심과 노력이 필요한 시점이다.

· 요약 ·

90년대생은 속도와 간편함을 추구한다. 정보 습득에 있어서도 관심 있고 필요한 것만 선별해서 제공하는 서비스를 선택한다. 긴 글을 읽기보다는 여러 웹사이트에서 더 많은 정보를 훑어보는 것이 효과적이라 생각한다. 커뮤니케이션에 있어서도 대면 커뮤니케이션이나 전화 통화보다는 빠르고 간편한 메신저 이용을 선호한다. 진화하는 인터넷 속도를 즐기며 자란 세대인 만큼 회사 안에서도 상사에게 빠른 피드백과 실시간 반응을 기대한다. 그들의 속도와 변화 욕구가 불필요한 업무 체계를 개선하는 등 조직 문화를 바꾸고 있다.

밀레니얼은
이렇게
산다

불확실한 미래에 맞서는
현실주의자

포기할 수 없는 현재의 행복

경제 성장률은 계속 떨어지고 청년 일자리 창출은 저조하다. 취업 준비생들은 미래에 대한 불안감에 직면해 있다. 극심한 취업난은 물론 비정규직 등 불안정한 일자리로 인해 미래의 불확실함이 커졌다. 최악의 세대라 불릴 만큼 현실적 압박을 겪는 90년대생들에게는 현실주의 성향이 더 강하게 보인다.

기성세대들은 더 나은 미래를 위해 현재를 인내하고 희생을 기꺼이 감내하는 삶을 살아왔다. 그들은 인간이 주어진 현실에 순응하기만 했다면 지금과 같이 발전할 수 없었을 것이라고 생각하기에 요즘 젊은 세대들이 욜로(YOLO)나 탕진잼을 즐기는 모습이 걱정스럽기만 하다. 욜로란 '인생은 한 번뿐이다.'를 뜻하는 'You Only Live Once'의 약자로 지금의 행복을 위해 소비하는 태도를 말한다. 탕진잼은 '탕진하는 재미'를 뜻하는 말로 푼돈을 소소하게 낭비하는 자조적 의미를 지니기도 한다. 막연한 노후를 위해 현재를 포기할 수 없다는 젊은 세대들의 소비 트렌드다.

사회 초년생 강 모 씨(28)는 '캠핑광'이다. 주말마다 떠나는 캠핑은 지친 심신을 달래는 유일한 낙이다. 매주 주말이면 짐을 싸서 캠핑을 떠나는 아들과 그 모습을 탐탁지 않아 하는 어머니의 신경전이 대단하다. 어머니는 젊을 때 허리띠를 졸라매고 돈을 모아도 부족한데 매주 캠핑을 가는 건 낭비라는 의견이다. 아들은 주중에 열심히 일했으니 즐길 수 있을 때 즐긴다는 주의다. 둘 사이에서 누구의 손을 들어주어야 하는지 난감하다.

젊은 세대의 입장에서는 욜로(YOLO)가 어른들의 생각만큼 비합리적인 소비가 아니다. 그들의 소비 형태를 자세히 들여다보면 무조건 많이, 비싼 것을 소비하는 것이 아닌 경우가 많다. 그들의 소비 중심에는 '가성비'가 있다. 소비 여력이 없기 때문에 최소의 비용으로 최대의 만족을 내려는 경향이 짙다.

여행 한번을 가도 계획 없이 즐기지 않는다. 여러 사이트를 비교해서 최저가 항공을 예약하고 다양한 프로모션과 할인 혜택을 최대한 적용해서 숙소를 선택한다. 이중 환전 수수료를 염려해 원화 결제도 잊지 않는다. 주어진 예산 안에서 최대의 즐거움을 느끼는 것에 충실하다. 언뜻 보면 이해하기 힘든 모습이다. 미혼인 안 모 씨(31)는 회사를 휴직하고 한 달 동안 배낭여행을 다녀왔다. 결혼 자금을 준비해 놓지 않고 거금을 써 버렸다고 부모님은 걱정했지만 안 씨의 생각은 다르다. 안 씨는 "통장은 비었지만 인생에서 가장 행복한 느낌을 채웠다."라고 했다.

《나만 잘되게 해주세요》의 저자 강보라 연구원은 이런 현상에 대해 "2030세대는 마땅히 재산이라고 할 만한 것이 아직 없고 또 돈을 모아 집과 같은 더 큰 재화를 당장 얻을 수도 없는 상황이다. 그러니 자신이 갖고 있는 약간의 여유 자금을 필수 품목이 아닌 재화를 소비하는 데 지출하는 식으로 소비생활을 하는 것"이라고 말했다.[13]

젊은 세대들은 저금리, 부동산의 양극화 등으로 모든 부분에서 목돈을 불리기가 힘든 상황이다. 그래도 이들의 저축 성향은 높은 편이다. 특히 단기 소액 적금 상품인 카카오뱅크의 '26주 적금'은 20대와

13 신동아, 「욜로, 탕진잼에 가린 2030 가성비 인생」 2020.1.1.

30대 사이에서 인기가 높다. 이 상품의 20대, 30대 가입 비중은 각각 34.3%, 38.7%로 전체 가입자의 73%를 차지한다. 큰 이자를 바라는 것은 아니지만 조금이라도 미래를 준비하고 있다는 기분이 들면 불안감은 덜하기 때문이다.

부모보다 못 사는 첫 세대

노력으로 바꿀 수 없는 세상! 90년대생들에게 개인의 능력과 노력만으로는 이 사회에서 성공할 수 없다는 인식이 팽배하다. 몇 년 전부터 우리 사회에 수저계급론이 확산되고 있다. 수저계급론이란 부모로부터 물려받은 부가 사회의 계급으로 결정된다는 표현이다.

우리나라 20대 10명 중 3명 이상은 자신을 흙수저라고 생각하고 있다. 지금 젊은 세대는 부모 세대만큼 열심히 일해도 서울에 집 한 채 사기 어렵다는 것을 안다. 모든 것이 가능한 시대에 살고 있지만 아무것도 할 수 없을 것 같은 이상한 무력감을 자주 느낀다.

노스웨스턴대 교수인 로버트 고든은 "인류 역사상 이례적이었던 경제성장 시기(1870~1970)는 끝났다. 오늘날 젊은이들은 부모 세대보다 생활수준이 떨어지는 첫 번째 세대가 될 것이다."라고 이미 강조한바 있다.[14] 90년대생들은 2008년 금융위기 이후 부모와 선배 세대가 겪는 구조조정과 정규직에 대한 불안감을 직접 보고 자랐다. 그래서 늘 자신의 불확실한 미래에 대한 불안감이 잠재되어 있다. 이러한 경제·사회적 압박 속에서 이들이 직업 선택의 중요한 요소로 고려하는 것은 고용 안정성과 수입이다.

통계개발원의 발표에 의하면 연공서열과 정년이 보장되는 공무원 선호도가 매년 증가하고 있다. 젊은 인재들이 전공 불문하고 공무원 시험에 매진하는 기현상이 벌어지고 있는 것이다. 90년대생들은 공기업 직원이나 공무원이 되는 길이 직업의 안정성을 보장해 준다고 여긴다. 또한 취업 비리가 적고 학벌이나 스펙의 차별을 피할 수 있는 제도를 필요로 하는데 그나마 공무원 시험이 채용의 공정성을 담보한다고 생각한다.

공무원 시험의 경쟁률을 운운하면서 젊은이들의 세태를 한탄하는 사람들이 많다. 높은 경쟁률만큼 합격은 점점 어려워지고 있다. 평균 합격 기간이 2년 이상인 길고 긴 레이스다. 생산 가능 인구가 점점 줄어드는 우리 사회에서 핵심 생산 인구인 청년들이 경제 활동을 하지

---

14 로버트 고든, 《미국의 성장은 끝났는가》, 이경남 옮김(생각의힘, 2017)

않고 책상에만 앉아 있는 것은 문제가 될 수 있다. 젊은 세대의 도전과 역동성 없이 미래의 경제 발전을 기대하기란 어려운 일이기 때문이다.

현실주의자인 요즘 젊은이들은 '꿈이 없다.'라고들 말한다. "자네 꿈이 뭔가?"라는 의례적인 질문은 그들을 곤혹스럽게 만든다. 그들에게 꿈이 없는 게 아니다. 단지 '맨땅에 헤딩하면서라도 꿈을 향해 달려가야지.'라는 충고가 효과적이지 않을 뿐이다.

각 세대마다 처한 환경은 다르다. 기성세대에게는 그 세대만의 고충이 있고 현재 젊은 세대들 역시 그들만의 고충이 있다. 서로 자신과 다른 생각과 행동을 비난하기보다는 왜 그럴 수밖에 없었는가를 생각하고 이해하고 해결해 나가려는 자세가 필요하다.

· 요약 ·

젊은 세대들도 미래에 대한 준비가 필요하다는 것을 안다. 하지만 막연한 노후를 위해 현재의 행복을 포기하지는 않는다. 주어진 여건 속에서 일할 땐 일하고 즐길 건 즐기고자 하는 합리적인 소비자일 뿐이다. 90년대생들은 2008년 금융위기 이후 부모와 선배 세대가 겪은 구조조정과 정규직에 대한 불안감을 직접 보고 자랐다. 그래서 마음속에 늘 자신의 불확실한 미래에 대한 불안감이 잠재되어 있다. 이러한 경제·사회적 압박 속에서 20대가 직업 선택의 중요한 요소로 고려하는 것은 고용 안정성과 수입이다.

성공 대신 성장을 꿈꾼다

누구보다 강한 성장 욕구와 학습 욕구

퇴근 후 새로운 에너지를 얻기 위해서 자신의 시간을 투자하는 젊은 세대들이 늘어나고 있다. 치열한 경쟁 사회에서 끊임없이 자기계발을 위해 노력하는 모습은 과거에도 있었지만 달라진 점은 자기계발의 관점이 변했다는 것이다. 90년대생들은 자기 자신을 중요시하고 개인의 취향을 존중하는 세대다. 이들이 생각하는 행복의 프레임은 확실히 다르다. 행복은 타인과의 비교나 시선에서 오는 것이 아니라 자신에게서 스스로 얻는 것이다. 그들의 자기계발의 포인트는 경쟁에서 이기기 위한 스펙 쌓기보다 어제보다 나아진 나를 만드는 데 있다.

《트렌드 코리아 2020》에서는 이런 노력을 하는 사람들을 '업글인간'이라고 명명했다. 자신의 삶의 모든 부분을 개선시킨다는 의미를 지니고 있다. 트렌드가 성공에서 성장으로 바뀌고 있는 것이다. 성장은 현재 지향적 즐거움인 동시에 미래를 준비하는 현실적인 방법이기도 하다.

피터 드러커는 정보와 지식에 기반한 탈자본주의 사회를 '지식사회'라 명명했다. 우리는 끊임없이 생산되고 업데이트되는 지식과 정보의 홍수 속에서 살고 있다. 젊은 지식인들은 이에 뒤처지지 않는 트렌디한 지식인이 되고 싶은 성장 욕구를 가지고 있다. 지식인의 성장 욕구는 지식을 일방적으로 전달받는 데에 만족하지 않고 지속 성장을 가능하게 할 방법을 찾는 데에 있다.

이를 반영하듯이 최근에 젊은 세대 사이에서는 루틴(Routine)이라는 말이 유행이다. 루틴이란 규칙적으로 실행하게 되는 방법과 패턴, 습관을 말한다. 최근 2030세대에게 지속적인 성장을 위한 루틴 만들기 동호회가 뜨고 있다. CGS, 챌린저스 등이 있는데 '돈으로 의지를 산다.'라는 컨셉이다. 자신의 목표 습관을 스스로 설정하고 도전하는 것이다. 50일 안에 복근 만들기, 시 필사하기 등 내용도 다양하다. 그러나 습관을 만들기 위한 3개월이 넘는 시간을 혼자서 유지하기는 어렵다. 그래서 그들은 느슨한 연대를 구성해 다른 사람들과 함께 습관을 만들어 간다. 습관, 모임, 친목, 자기계발을 한 번에 이룰 수 있는 게 이 모임의 매력이다.

모임에 참여한 사람들의 후기는 다음과 같았다. "하루하루 성장하고 변화하려는 사람들이 많아서 솔직히 놀랐다." "현타(현실 자각 타임)가 왔을 때 도움을 많이 받았다."라는 소감이었다. 지금의 젊은 세대들은 이렇게 자신을 업그레이드하기 위한 노력을 하고 있다. 그들의 성장 욕구는 타인과의 경쟁에서 우위를 점하기 위한 성취 욕구와는 다르다. 그들은 느슨한 연대를 구성해 즐기면서 성장한다. 스펙 쌓기로 여기던 자기계발의 패러다임이 점점 변하고 있다.

최근 주 52시간 근무제가 본격적으로 시작되면서 워라밸을 실현하는 사람들이 늘어났다. 취미를 통해 자신의 취향을 찾고 힐링을 위해 다양한 것을 즐기기 시작했다. 젊은 세대들은 새로운 경험을 통해 얻을 수 있는 성취감에 기꺼이 돈을 지불한다. 최근 원데이 클래스가 유행이다. 원데이 클래스란 듣고 싶은 강좌를 자신이 원하는 날짜, 요일에 그때그때 등록하는 방식이다. 소그룹 형태로 이루어지기 때문에 개개인에 맞춤화되어 상호 작용이 활발하다. 원데이 클래스는 '캔들 원데이 클래스'부터 가죽 소품을 만드는 '가죽 공예 원데이 클래스', 식물을 그리며 마음의 안정을 찾는 '보태니컬 아트'까지 종류도 다양하다.

직장인 김 모 씨(26)는 주 2회 퇴근 후에 학원에서 디자인 공부를 한다. 현재 하는 업무와 관련은 없지만 개인 시간을 활용해서 평소에 하고 싶은 일을 하며 스트레스를 푸는 것이다. 가죽공예 수강생 박 모 씨(23)는 원데이 클래스의 장점을 다음과 같이 말했다. "정기적으로 등록해야 하는 과정은 경제적 부담이 큰데 원데이 클래스는 적은 비용으로 다양한 것을 경험할 수 있다." 또 다른 수강생 김 모 씨(23)는 "원데이 클래스는 바로 써먹을 수 있도록 핵심만 가르쳐 주는 게 장점"이라며 "취미의 업그레이드를 통해 새로운 창업 기회를 찾고 있다."라고 했다.

원데이 클래스로 개인의 취향을 발견했다면 관심사가 같은 사람끼리 모이는 '살롱 커뮤니티'에 등록할 수도 있다. 살롱이란 18세기 상류사회에서 귀족과 문인들이 가지던 정기적 사교 모임이었지만 현대판 살롱은 자신들의 취향과 관심사를 위주로 모이는 커뮤니타다. 보통 1개월, 3개월 시즌권으로 등록한다. 이름이 알려진 살롱으로 취향관, 문토, 버핏서울 등이 있다. 기존의 동호회나 소모임과는 달리 수평적 관계를 전제로 하며 취향이 맞는 사람끼리 깔끔하게 모였다가 쿨하게 헤어진다.

끊임없는 자기계발

젊은 세대들은 미래의 직무나 전문성을 갖추기 위한 자기계발 활동에도 적극적이다. 앞으로는 직장이 정년을 보장해 준다고 해도 평생직장이 될 수 없다. 인생 3모작, 4모작까지 실현해 내야 하는 100세 시대가 왔기 때문이다. 오늘 내가 가진 지식과 성공이 확실한 미래를 보장하지는 않는다. 고령화 사회에서 인생과 경력 관리를 위해서 무엇을 해야 하는가에 대한 관점이 변하고 있는 것이다. 20대들은 자신들의 나이를 아직 경험하고 탐색하는 시간으로 삼아도 늦지 않다는 생각이다. 따라서 지금의 젊은 세대들은 자신을 업그레이드하는 작업에 거부감이 없다. 자신의 일에서 의미를 찾길 원하고 자신이 좋아하는 일을 끊임없이 찾아가기를 원한다.

금융권에서 근무 중인 4년 차 직장인 최 모 씨(29)는 최근 회사에 휴가를 신청했다. 성인 실무 교육 회사인 '패스트캠퍼스'에서 개최한 '블록체인 해커톤'에 참석하기 위해서다. 블록체인 해커톤은 블록체인에 관심 있는 다양한 사람들이 모여 아이디어를 내고 프로젝트를 경험해 보는 행사다. 그는 참여 동기에 대해 "은행이 평생직장이라는 공식이 깨진 지는 오래다. 무엇보다 내가 하고 싶은 직무에 대한 능력을 키우지 못하면 단순 업무만 반복하다 도태될 것 같다는 위기감이 들었다."라고 말했다. 그는 이어 "블록체인에 막연한 관심만 갖고 있었는데 오늘을 계기로 관련 수업을 수강할 예정이다. 비용과 시간이 부담이지만 미래를 생각하면 아깝지 않다. 이 분야로 이직도 고려 중이다."라고 했다. 이직과 명예퇴직을 사전에 준비하기 위해 학원을 찾는 젊은 직장인들이 늘어나고 있다.

유튜브 또는 포털 사이트에는 자기계발을 도와줄 무료 교육 콘텐츠와 뉴스가 넘쳐난다. 그러나 젊은 세대들은 자신의 성장에 필요한 것이라면 유료 서비스도 아낌없이 활용한다. 특히 20대의 지식 콘텐츠 소비는 젊은 세대의 취업 사교육 시장의 확대와도 무관하지 않다.

90년대생들은 어렵게 들어간 직장이라고 해도 종신 고용에 대한 기대치는 낮은 편이다. 그러나 자신의 성장에 대한 기대치는 높다. 조직 안에서 자신의 미래 가치 상승에 대한 관심이 크고 얼마나 성공할 수 있는지 알고 싶어 한다. 자신이 팀의 일원으로서 팀 전체의 목표를 향해 함께 일하고 있다는 것을 느끼고 싶어 한다. 이들은 항상 시험 속에서 살아온 세대답게 일을 통해 자신을 표현하고자 한다. 심지어 출근 첫날부터 직장에 자신만의 느낌을 각인시키기를 원한다.

조직이 이런 욕구를 충족시켜 주지 못한다면 그들은 입사와 동시에 이직을 준비하기 시작한다. 이러한 현상은 개인과 회사, 국가 차원에서도 많은 비용과 손해가 따른다. 따라서 직장에서는 구성원들의 성장 욕구를 채워 주기 위한 연구가 필요하다. 잘되는 회사의 비법은 다른 데 있지 않다. 미래를 꿈꿀 수 있는 회사 안에서 구성원들이 성장을 위해 자기계발을 늦추지 않을 때 가능하다.

·요약·

어제보다 나은 나로 업그레이드시키기 위해 자기계발에 시간을 투자하는 젊은이들이 늘어났다. 그들의 성장 욕구는 경쟁에서 우위를 점하기 위한 성취 욕구라기보다는 어제보다 나은 삶을 위한 진화 과정이다. 최근 주 52시간 근무제로 워라밸이 본격적으로 실현되면서 다양한 경험을 할 수 있는 기회가 많아졌다. 지속 성장을 위한 습관에 투자하는 젊은이들도 늘었다. 평생 직장이 불가능한 시대에서 자기계발에 대한 그들의 관심이 더 확산되고 있다. 퇴근 후 공부하는 젊은 세대들이 늘고 있으며 자신의 성장에 필요하다면 유료 서비스도 아낌없이 활용한다. 90년대생들은 조직 안에서 자신의 미래가치 상승에 대한 관심이 크고 얼마나 성장할 수 있는지 알고 싶어 한다.

밀레니얼 - 현재 활동 중

흐려진 온·오프라인의 경계

인터넷은 젊은 세대들의 생각과 사고방식이 자유롭게 흘러 다닐 수 있도록 해 준다. 이들은 아침에 눈을 떠 밤에 잠들 때까지 온라인 상태다. 그들에게 온라인은 놀이의 공간이기도 하고 공감과 소통의 창구이기도 하다. 항상 누군가와 연락이 가능해야 하며 무언가와 연결되어 있는 느낌을 원한다. 인스턴트 메신저를 통해 언제 어디서나 원할 때에 상대방과 의사소통을 할 수 있어야 한다. 배터리 부족처럼 잠시라도 연결이 끊길 수 있는 상황이 오면 불안감과 단절의 두려움을 느낀다.

젊은 세대들은 소셜 네트워킹 서비스(Social-Networking Service)를 통해 서로의 소식을 얻는다. 친구들은 어떻게 살고 있는지, 요즘 특정 이슈는 무엇이고 어떤 반응들이 일어나는지 쉽게 파악할 수 있다. 또한 자신이 경험한 것들을 다른 사람들에게 적극적으로 드러내고 과시하고 싶어 한다. 이를 통해서 친구나 팔로워들에게 관심을 받고 인기를 늘린다. SNS에 올릴 가장 멋진 사진 한 장을 건지기 위해 오늘도 수없이 셔터를 누르고 있다.

소셜 미디어들의 진정한 가치는 단순히 친구들의 정보를 얻는 용도에만 있지 않다. 음악부터 정치에 이르기까지 개인의 기호에 따라 사람을 모을 수 있는 능력이 진짜 가치다. SNS는 현재 음악, 패션, 기술 등 젊은 세대의 문화를 형성하는 통로의 역할을 하고 있다.

과학 잡지 〈사이언티픽 아메리칸〉에 실린 심리학자 니콜라스 카다라스의 말이다. "사회적 연결성은 인간이 인간이기 위해 필요한 가장 핵심적인 요소일 뿐만 아니라 행복과 건강을 유지하는 데에도 중요합니다. 미국에서는 매초마다 7,500개 이상의 트윗, 1,394건 이상의 인스타그램 사진, 200만 개가 넘는 이메일이 오가며 유튜브 동영상은 119,000건이 넘습니다." 이처럼 현재 우리는 어느 시대보다 긴밀하게 연결된 사회 속에서 살고 있다.

SNS는 거대한 글로벌 커뮤니티 센터다. 세상이 연결되어 있다는 의미를 감각적으로 받아들이는 사람만이 21세기에서 성공할 수 있는 기회를 가진다.

소셜 네트워크 공감 세대

젊은 세대들은 게임 세계도 바꿔 놓고 있다. 과거에 게임은 주로 혼자 즐기는 것이었지만 요즘은 온라인을 통해 다른 사람들과 함께 즐긴다. 현재 젊은 세대들은 e-스포츠에 푹 빠져 있다. 2017년 11월 베이징 국립 경기장에서 치러진 게임 결승전 표 4만여 장이 1분 만에 매진됐다. 그 경기는 대표적인 e-스포츠 'LoL(Leag of Legends)'로, 일명 '롤드컵' 경기였다. 온라인 커뮤니티에선 게임 중계는 물론이고 전략과 전술을 보여 주는 유튜버들이 넘쳐난다. e-스포츠는 2018년 이미 올림픽 시범 종목으로 시행됐고, 2022년 항저우 아시안게임부터는 정식 종목이 된다. e-스포츠는 하나의 문화로 타 스포츠와 어깨를 나란히 하고 있다.

대학생 김 모 씨(22)는 공강 시간에 PC방에서 게임을 하며 시간을 보낸다. 그는 "온라인 게임은 혼자 할 수도 있지만 팀을 짜서 같이 할 때 더 매력적이다."라며 또 "친구들과 대화를 이어 가고 원만한 인간 관계를 위해서라도 게임을 한다."라고 말했다. 20대 남성들이 입대 후 선임에게 가장 먼저 받는 질문이 게임 실력과 축구 실력이라고 한다. 같이 휴가 나가고 싶은 사람 1순위는 '게임 잘하는 사람'이다. 이런 현상은 10대들 사이에서 더 확실하게 나타나고 있다. 그들에게 게임은 곧 생활이다. 온라인 게임은 새 친구를 사귀고 교우 관계를 유지하는 필수 매개체로 자리 잡았다.

소셜 미디어 활용의 혁명적 사례에서 방탄소년단을 빼 놓을 수는 없다. 방탄소년단은 유튜브를 통해 자신들을 알리기 시작해 현재는 케이팝을 넘어 세계 최고의 아이돌 스타가 됐다. 이들은 인터뷰에서 종종 "우리의 성공 비결은 팬클럽 아미(ARMY) 덕분"이라고 말한다. 아미는 군대라는 뜻이지만 '방탄복과 군대가 언제나 함께하듯 팬과 BTS가 항상 같이 있다.'라는 상징적인 의미를 지닌다. 방탄소년단에 관련된 기사들의 대부분은 소셜 미디어를 통해 팬들과 어떻게 연대감을 이루었는지에 대한 내용이 포함되어 있다. 방탄소년단은 연습생 시절부터 소셜 미디어로 팬들과 소통하며 자신들의 일상과 성장하는 모습을 공개했다. 과거 연예인들이 신비주의를 지향했다면 이들은 자신들의 존재를 드러내며 팬들과 거리를 좁혔다. 팬들은 그런 그들을 응원하고 지지하며 일상 속까지 깊숙이 관여하기 시작했다. 트위터 최다 활동 정치인인 트럼프 대통령조차 방탄소년단 리트윗

수의 절반에도 미치지 못한다.

최근 오디션 프로그램(〈슈퍼스타 K〉부터 〈미스터트롯〉까지)으로 스타를 배출하는 시스템도 같은 맥락이다. 시청자들에게 선발의 기회를 주면서 자신이 스타를 키워 냈다는 자부심을 팬심으로 이끈다. 자신들과 기획자가 분리되지 않았다는 일치감이 팬덤을 상승시킨다. 무명의 가수들이 폭발적인 인기를 얻게 된 데에는 소셜 미디어의 역할이 크다. 과거 불렀던 노래들이 유튜브에 노출되면서 사람들의 감상 횟수가 늘고 바이러스처럼 퍼지기 시작했다.

팬덤은 문화, 예술 영역에서 주로 나타는 현상이지만 기업 활동의 영역에서도 존재한다. 미국의 오토바이 제작회사인 할리데이비슨은 강력한 소비지 팬덤을 보유한 기업으로 잘 알려져 있다. 할리데이비슨 동호인 모임인 '호그(HOG-Harley Owners Group)'에는 전 세계 130만 명 이상의 충성 팬들이 가입해 있다. 연결된 소비자들은 서로 적극적인 의사소통을 하며 기업의 제품이나 서비스 판매에 영향을 미친다. 할리데이비슨은 '호그'의 의견에 반응하며 커뮤니티를 확장시켜 팬덤 파워를 극대화시킨다. 많은 전문가들은 개성이 강한 젊은 세대들의 특성에 맞춰 앞으로 팬덤 마케팅이 더욱 진화될 것으로 예상하고 있다.

젊은 소비자들은 민감하다. 주변에서 쉽게 정보를 얻을 수 있는 만큼 가짜 뉴스와 허위광고가 많아졌기 때문이다. 기업 광고의 진정성에 의심을 갖기 시작하면서 제품을 선택하는 기준이 바뀌기 시작했다. 90년대생은 선택의 어려움을 느낄 때 온라인 검색을 먼저 한다. 사용 경험이 있는 다른 사람들의 추천, 다양한 제품의 리뷰를 기반으로 객관적인 정보를 얻은 후 구매를 결정한다. 이 과정에서 소셜 미디어 곳곳에는 영향력을 발휘하는 사람들이 등장했다. 자신의 팔로워들과 관계를 맺고 신뢰를 쌓아 가는 인플루언서(영향력을 행사하는 사람)들이다. 그동안 기업에서는 제품이나 브랜드 홍보를 위해 대체로 연예인이나 유명인들을 내세웠다. 그러나 지금은 팔로워를 많이 보유한 인플루언서들이 온라인상에서 그 역할을 해내고 있다.

인플루언서들은 끊임없이 소비자와 소통을 하며 공감을 이끌어 낸다. 90년대생은 자신의 취향과 비슷한 사람들의 경험을 신뢰하며 브랜드보다는 또래 집단에 대한 선호도가 높다. 브랜드의 후원을 받은 인플루언서의 콘텐츠라고 해도 직접 체험해 보고 추천하면 진정성 있고 가치 있는 콘텐츠로 여겨 신뢰를 한다. 젊은 소비자들에 의해 기존의 마케팅 방식에 변화가 일어나고 있는 것이다.

이제 기존 방식의 마케팅으로는 90년대생 고객의 마음을 얻을 수 없다. 90년대생의 특징을 잘 이해하는 기업만이 고객의 마음을 얻을 수 있다. 그들의 마음만 얻는다면 초연결 세대답게 그들은 기업의 이름을 자발적으로 공유하고 확산시켜 줄 것이다. 공짜로 마케팅 기회를 얻는 것이다. 고객의 의견을 경청하고 반영하며 끊임없는 소통을 하는 진정성 있는 회사만이 90년대생들이 주는 혜택을 누릴 수 있다.

> **· 요약 ·**
>
> 90년대생은 늘 세상과 연결되어 있기를 원하며 SNS 속에서 커뮤니케이션, 공유, 문화 형성 등 다양한 일을 해낸다. 그들이 만들어 내는 가상 사회인 디지털 라이프는 점점 더 거대해지고 있다. e-스포츠가 하나의 문화로 자리 잡은 지 오래이며 팬의 정체성도 달라져 특정 스타에 대한 애정을 공유하는 커뮤니티를 조직해서 팬덤 문화를 형성한다. 젊은 세대들이 정보를 얻고 소비를 결정할 때는 인플루언서의 솔직한 경험이나 후기를 신뢰한다. 그리고 진정성이 느껴질 때 그들은 연대감을 갖는다.

일상에서 즐거움과 재미를 찾는다

문화콘텐츠 속 재미 코드

90년대생은 삶 속에서의 재미를 중요하게 여긴다. 그들을 보다 깊게 이해하기 위해서는 그들이 소비하는 콘텐츠를 관찰해야 한다. 몇 년 전 유튜브에서 먹방을 보며 '뭐 저런 방송이 있나.' 싶었는데 곧 지상파 TV에도 먹방이 유행하기 시작했다. 기성세대들은 남이 음식 먹는 모습을 지켜보며 대리만족을 느끼는 상황이 실없어 보이고 좀처럼 이해되지 않는다.

그렇다면 90년대생에게 음식은 어떤 의미일까? 그들에게 음식은 배를 채우기 위한 본능적 욕구의 영역을 넘어선 지 오래다. 날카로운 상상력연구소의 김용섭 소장은 '음식은 가장 쉽고 저렴하게 재미를 소비할 수 있는 영역 중 하나'라고 분석한바 있다. 먹방과 맛집 투어는 음식이라는 삶의 기본적인 요소에 재미를 더한 콘텐츠다. SNS에는 먹방 채널만 수만 개 이상이 개설되어 있다. 먹방 유튜버들은 카메라 앞에서 음식을 맛있게 먹는 것만으로도 엄청난 수익을 올린다. 사람들은 먹는 소리에 식욕을 자극받고 이색적인 비주얼에 대리만족을 느낀다.

재미가 있으면 SNS를 통해 소문이 퍼지고 유행이 된다. 90년대생들에게는 새롭고 재밌고 예쁜 것을 먹었다고 자랑하는 활동이 일종의 놀이다. 프랑스의 대표 디저트인 마카롱은 한국에서 두툼한 속 재료가 들어간 '뚱카롱'으로 변신했다. 몇 년 전부터 뚱카롱 전문점이 SNS의 인기를 타고 대학가를 시작으로 우후죽순 생겨나기 시작했다. 'ㅇㅇ디저트 가게의 뚱카롱이 유명하다.'라는 입소문만 퍼져도 매일 완판 행진이 이어졌다. 음식은 젊은이들의 심심한 일상을 파고든 차별화된 콘텐츠로 확대되었다.

90년대생들을 알아가기 위해서는 그들의 언어도 이해할 필요가 있다. 젊은 세대들은 기발한 신조어, 약어 등을 만들어 언어유희를 즐긴다. 젊은이들 사이에서 '야민정음'이라는 것이 유행하는데, 이는 단어의 한글 자음과 모음을 모양이 비슷한 것으로 의도적으로 바꿔 표현하는 것이다. 댕댕이(멍멍이), 띵작(명작), 커엽다(귀엽다) 등이 그 예다. 실제로 회사명이나 제품명을 젊은층의 언어로 바꿔서 흥행을 한 경우도 있다. 신세계 그룹은 SSG닷컴의 영어 자음을 우리 식으로 '쓱'이라고 읽어 브랜드 인지도를 굳혔고 팔도는 팔도비빔면을 '괄도 네넴띤'으로 변경한 한정판을 출시해 대박을 쳤다.

 'Latte is a horse', 또는 이를 직역한 '라떼는 말이야.'도 일종의 언어 유희다. 일명 꼰대 같은 어른들이 자주 쓰는 표현, "나 때는 말이야."를 풍자한 것이다. 언어유희는 가벼운 말놀이로 즐거움을 주지만 수준 높은 풍자를 담는 경우도 많다. 요즘 젊은 세대들은 불만족스러운 현실도 살짝 비틀어서 즐기는 경향이 있다. 그들의 톡톡 튀는 감각이 더해져 여러 분야에서 독특한 풍자 문화를 형성하고 있다. 그 대표적인 것이 최근 젊은 세대들에게 인기를 끌고 있는 힙합 문화다. 힙합은 자유로운 표현이 가능하며 풍자적인 랩을 통해 상대를 비꼬거나 비판한다. 한때 '아프니까 청춘'이라는 말이 유행인 적이 있었다. 지금은 한 래퍼의 '아프면 환자겠지 그게 무슨 청춘이야.'라는 가사가 더 설득력 있게 와닿는다. 요즘 청춘은 아파도 너무 아프다. 기성세대가 물려준 불평등과 경쟁 사회 속에서 '꿈을 위해 노력'하고 '무조건 인내'하라는 식의 관점으로 청년 문제를 바라보지 말라는 일침을 가하고 있다.

 그들에게 재미는 매우 중요한 동기 부여 요소이다. 그리고 재미는 공익 활동이나 캠페인같이 생산적인 일로 발전하기도 한다. 2019년 여름, 일본 아베 정부의 무차별적인 경제 도발은 젊은 세대의 반일 감정을 뜨겁게 달구었다. SNS에는 '#가지않습니다 #사지않습니다'라는 해시태그가 넘쳐났고 이 해시태그 운동을 주도한 세대는 2030세대였다. 개인 메신저나 SNS 프로필에 No-Japan 배너를 걸어 공유하고, 유튜브에는 일본에 항의하는 영상이 릴레이로 올라왔다. 자신의 SNS에 여행 취소 인증샷을 올리는 등 자발적인 불매운동이 놀이 문화처럼 확산됐다.

과거 대한민국의 역동기 시대에는 정치, 사회적인 부조리에 대응하는 방식이 기본적으로 경직되어 있고 과격한 요소가 있었다. 그에 비해 광장 문화에 익숙한 90년대생들은 정치나 사회 문제의 무거움마저도 심각하고 진지하게만 대응하지 않는다. 가볍고 재치 있는 언어로 풀어서 갑갑한 현실을 해학적, 풍자적으로 덜어 낸다. 이것이 바로 90년대생들의 특별한 재미 코드다.

재미가 밥 먹여 줍니다

90년대생은 '나' 없이 일에 끌려 다니는 직장인이 되기를 거부한다.

내가 일을 만들어 가고 일을 통해 행복하기 위해서는 일도 놀이처럼 즐거워야 한다고 생각한다. 그들의 언어에 '덕업일치'라는 신조어가 있는 것만 봐도 알 수 있다. 덕업일치란 열성적으로 좋아하는 일과 직업이 일치한다는 의미다. 그들은 하루하루를 재미있게 보내는 삶이 곧 성공이라고 말하며 덕업일치가 직업 선택 조건 0순위가 되었다.

네덜란드의 역사학자 요한 하위징아는 《호모 루덴스》에서 인간의 본원적 특성은 사유나 노동이 아니라 '놀이'라고 주장한다. 또 인류의 문명은 놀이의 충동에서 나온 것이라고 말한다. 잘 노는 사람이 트렌드를 만들어 낸다. 일도 놀이처럼 할 수 있다면 더 열심히 즐길 수 있다는 이야기다.

공자는 논어에서 '지호락(知好樂)'을 이야기했다. 지호락이란 '그 일에 대해 많이 아는 자는 그 일을 좋아하는 자를 당할 수 없고, 그 일을 좋아하는 자는 그 일을 즐기는 자를 당할 수 없다.'라는 의미다. 90년대생은 지호락의 마지막 단계처럼 일 자체를 즐기면서 하는 즐거운 직장생활을 원하고 있다. 그렇기 때문에 기존 시스템에 맞춘 반복적이고 단순한 업무에 회의감을 느낀다. 소모적인 일에 쉽게 흥미를 잃어 어렵게 들어온 회사라도 나와 맞지 않는다고 생각되면 언제든 떠날 의향이 있다.

그러나 기성세대의 해석은 다르다. 일을 즐길 수 있는 단계에 이르기 위해서는 얼마나 많은 노력이 필요한지를 알기 때문에 일과 재미가 공존할 수 있는 것인지 의문이 앞선다. 회사에서는 일을 하고 재미는 회사 밖에서 즐겨도 된다고 생각한다. 또는 은퇴 후에 재밌게 살기 위해 지금 열심히 일해야 한다는 주의다. 이 생각이 그때는 맞지만 지금은 아닐 수도 있다. 오랜 시간 책상에 앉아서 일하는 것이 능사가 아닐 수 있다.

우리와 다른 생각을 가지고 있는 90년대생들이 조직에 밀려들어오고 있다. 젊은 세대들이 가장 입사하고 싶어 하는 인기 있는 회사들은 일과 놀이의 경계가 모호한 곳이다. 구글이 대표적인 예이다. 구글은 개발자의 창의력을 극대화시키고 일의 능률을 올리기 위한 환경을 조성한다. 계단과 엘리베이터 대신에 미끄럼틀을 만들고 알록달록한 가구들과 디자인은 놀이동산을 연상케 한다. 구글의 자유 출근제, 질 좋은 공짜 음식, 화려한 복지 시설 등등 이 모든 것이 직원에 대한 존중과 신뢰다. 구글의 직장 문화는 직원들이 스트레스 받지 않고 즐겁게 생산성을 발휘하도록 돕는다.

이것은 비단 구글만의 문화가 아니다. 우리나라에도 구글 뺨치게 직원의 복지에 힘주는 기업들이 늘어나고 있다. 판교의 테크노밸리 기업들은 업무 외 분야에서 직원들의 시간 누수를 최대한 줄일 수 있도록 돕고 있다. 사내에 주점, 만화방은 물론이고 지정 미용실과 전 문의를 두어 서비스를 제공하고 있다. 그들은 직원들이 효율적이고 자발적으로 일할 수 있는 동기 부여를 위해 적절한 보상 방법을 마련 해 놓고 있다. 더 이상 일과 즐거움 사이에 명확한 경계를 짓는 것은 쓸데없는 일인지도 모른다.

> **· 요약 ·**
>
> 90년대생들은 어느 세대보다 자율적이고 주체적이며 삶 속에서 즐거움을 추구한다. 이들에게 음식은 재미를 소비할 수 있는 영역이다. 그들은 소소한 일상 속에서도 즐거움을 만들어 내며 주관적인 만족을 추구한다. 또한 무겁 고 불만족스러운 현실에 대처할 때도 가볍고 위트 있게 풀어내는 성향을 보 인다. 그렇다고 직업을 대하는 태도나 고민의 무게가 결코 가볍지 않다. 90 년대생에게 직장은 나의 행복을 얻기 위한 자아실현의 장이기 때문에 좋아 하는 일을 충분히 즐기면서 잘할 수 있다고 생각하는 세대다.

밀레니얼의
일,
말,
삶

PART 3

밀레니얼과
통하고 싶다면

유연한
대화를
돕는 말투

간결한 말이 임팩트가 있다

　진화하는 인터넷 속도를 즐기며 자라 온 90년대생들은 길고 복잡한 것을 좋아하지 않는다. 그들은 뉴스조차도 축약되고 짧게 편집된 정보를 찾아 빠르게 흡수하는 것을 선호한다. 짧은 시간 안에 많은 정보를 얻을 수 있는 것을 좋아하기 때문이다. 이것은 비단 90년대생들만의 특징이 아니라 현대인의 삶의 모습이다. 사람들은 생활 리듬이 빨라져 가는 만큼 구구절절한 말보다는 간단하고 명료한 설명이나 대답을 원한다.

말은 덜어 낼수록 완벽하다

옳은 것을 가르쳐 주고 싶은 생각에 말이 길어지기 시작하면 좋은 의도임에도 불구하고 잔소리가 되기 쉽다. 이 시대에 말을 잘하는 사람이란 핵심을 간결하고 정확하게 전달하는 능력을 갖춘 사람이다. 중요한 말일수록 짧지만 임팩트 있게 해야 한다.

세계에서 가장 짧은 편지가 있다. 프랑스의 문호 빅토르 위고는 거의 평생에 걸쳐 구상하고 집필한 《레 미제라블》의 평판이 궁금했다. 그래서 출판사에 편지를 보냈는데, '내 작품은 어떻습니까? 반응은 좋습니까?' 대신 '?'를 써서 보낸다. 그러자 재치가 뛰어났던 출판사 사장은 '아주 좋습니다.'라는 뜻의 '!'를 답장으로 보냈다고 한다. 이 얼마나 간단하고 멋진 의사소통인가.

한 신문사에서 유명한 여배우의 사진이 필요해 베테랑 사진 기자가 촬영을 나갔다. 사진 기자는 숲속에 숨어 그녀가 지나가기를 기다렸다가 재빠르게 셔터를 눌렀다. 그러나 그때마다 그녀가 얼굴을 가린다든지 고개를 숙인다든지 해서 제대로 된 사진을 찍을 수 없었다. 사진 기자는 할 수 없이 이 어렵고 귀찮은 일을 신입 기자에게 넘겼다. 그런데 채 한 시간도 안되어 신입 기자는 그녀의 사진 촬영에 성공해서 돌아왔다. 깜짝 놀란 베테랑 기자는 "대체 무슨 좋은 방법을 사용한 건가?"라고 물었다. "방법이요? 그냥 부탁을 했을 뿐인데요."
그렇다. 신입 기자는 여배우의 집으로 찾아가서 초인종을 누른 후 아
무 거리낌 없이 "신문에 당신의 사진이 필요해서 찾아왔습니다."라고
말했고 그러자 그녀가 미소를 지으면서 선선히 응했다는 것이다.

베테랑 기자는 필요 이상으로 요령이 많아서 대범할 수가 없었고,
신입 기자는 자기가 필요한 것만 요령 없이 짧게 부탁할 수 있었기
때문에 성공한 것이다. 일상 대화에서도 마찬가지다. 사람들은 무엇
인가를 설명할 때 줄줄이 수식하고 나열해야 상대가 쉽게 이해할 것
이라고 착각한다. 하지만 부탁이나 협조의 말일수록 짧고 핵심을 찔
러야 효과적이다.

오컴의 면도날(Occam's Razor 또는 Ockham's Razor) 법칙이 있다.
영국의 논리학자이자 수도자였던 윌리엄 오브 오컴의 이름에서 따온
것으로 흔히 '경제성의 원리(Principle of economy)'라고도 한다. 오
컴의 면도날 법칙이란 어떤 현상에 대해서 복잡한 설명과 간단한 설
명 둘 다 가능하다고 하면, 당연히 간단한 쪽이 옳은 답이라는 것이
다. 여기서 면도날은 필요하지 않은 가설이나 개념들을 잘라 내 버린
다는 비유다. 즉, 말은 덜어 낼수록 완벽해진다.

짧은 스피치 'EOB'

인간관계 전문가인 데일 카네기는 그의 저서에 "링컨의 게티즈버그 연설은 단순한 연설이 아니었다. 그것은 평생 고난을 통해 고양되고 위대해진 훌륭한 정신에서 나온 신성한 표현이었다. 마음 깊숙한 곳에서 솟아 나온 산문시였으며, 위엄 있는 아름다움 그 자체였고, 심오한 서사시의 낭랑한 울림이었다."라는 글을 실었다.[15] 링컨의 유명한 게티즈버그 연설은 2분에 불과하다. 그 연설이 미국의 역사와 세계사와 인류 정신을 바꾸었다. 진정성과 훌륭한 정신이 깃든 말이면 2분만으로도 충분하다.

이후로 데일 카네기는 사람들에게 짧은 스피치를 위한 마술의 공식(Magic formula)을 소개했고 100년이 넘는 지금까지 전 세계 카네기 교육장에서는 마술의 공식으로 스피치 훈련을 하고 있다. 마술의 공식은 청자를 행동하게 만드는 짧고 강한 세 단계의 스피치로 이루어져 있다. 마술의 공식을 기반으로 해서 만들어진 EOB 공식을 활용하면 짧은 스피치를 할 때 쉽게 응용할 수 있다.

---

15 데일 카네기, 《나의 멘토 링컨》, 이인석 옮김(리베르, 2010)

◇ EOB 공식

1. E(Example): 사례를 말한다. 이야기를 시작할 때 구체적인 실례를 들어 말하는 방법이다.

– 중대한 사건, 극적인 경험, 권위자의 말 인용, 통계, 전시물, 대비, 말로 그림을 그리듯이 생생하게 표현

2. O(Outline): 요점을 정리한다. 듣는 사람에게 요구하는 행동을 요점만 정확히 말한다.

– 짧고 구체적으로, 이해와 행동하기 쉽게 제시

3. B(Benefit): 주어지는 이익을 말한다. 그 행동에 따르는 이익을 이야기한다.

– 인센티브나 보상을 제시하되 단순하고 명쾌하게

예시 1

친구가 급하게 돈이 필요하다고 해서 고민이라는 동료에게 "글쎄. 돈 거래는 안 하는 게 좋지 않을까?" 라는 조언은 임팩트가 없다. EOB로 다음과 같이 말할 수 있다.

"5년 전에 아내가 엄청 반대했는데도 친구에게 돈을 빌려줬지 뭐야. 근데 그 녀석이 어느 날부터 연락이 안 되는 거야. 소문 들

어 보니까 주식에 무리하게 투자를 했다가 망해서 잠적했다더라고. (E) 친한 친구일수록 절대 금전 거래는 하면 안 된다고 생각해. (O) 그러면 나처럼 돈 잃고 친구 잃는 일은 없을 거야. (B)"

예시 2

현재 생산관리 직무를 맡고 있는 신입 최고민 씨. 신입이라 단순 업무부터 시작한다고 생각하고 있었지만, 몇 년 뒤에도 인쇄만 하고 있을 것 같다는 생각이 들고 지금 본인이 생산관리자인지 아르바이트생인지 헷갈린다는 고민에 "그래도 열심히 버텨야지."라는 격려는 별로 도움이 되지 않는다. EOB로 말하면 다음과 같다.

"생산관리자는 생산계획부터 재고관리까지 생산과 관련된 중요한 업무를 하게 되지. 하지만 엔지니어가 아니라서 산업현장이나 기술에 대해서 부족하다고 느낄 수도 있어. 그래서 선배들은 자격증 공부를 많이 하는 편이야. (E) 품질경영기사나 산업안전기사처럼 산업현장 관리자들에게 기본이 되는 자격증에 도전하면 어떨까? (O) 생산관리는 제조품이 달라져도 직무가 크게 변하지 않으니까 자격증을 갖추면 경력 관리에 훨씬 도움이 될 것 같은데. (B)"

EOB는 간결하고 힘 있는 대화법이다. 흥미 유발과 긴장감을 주기 때문에 임팩트 있는 말하기 법이라고 할 수 있다. EOB 공식은 회사에서 지시나 보고를 할 때, 일상에서 나의 생각을 전달할 때, 타인의 행동 변화를 요청할 때 유용한 대화법이다.

· 요약 ·

짧고 간단함을 추구하는 90년대생들과 대화를 할 때는 간결한 말로 핵심을 전달하는 기술이 필요하다. 데일 카네기는 마술의 공식이라는 짧은 스피치 방법을 소개한 바 있다. 스피치의 첫머리에 사례를 먼저 말하고 청자에게 요구하는 것을 간결히 전달한 후 이로 인해 어떤 이익이 주어질 수 있는지 명쾌하게 밝히는 것으로 마무리한다.

· 활용 팁

"미국 3대 대통령 토마스 제퍼슨은 간결한 말의 중요성을 이렇게 표현했습니다. 재능 가운데 가장 소중한 재능은 한마디면 될 때 두 마디로 말하지 않는 재주다.(E) 여러분! 말할 때는 핵심만 간결하게 말하도록 노력합시다.(O) 그러면 말에 힘이 실리고 말 잘하는 사람으로 인식됩니다.(B)"

잘 말하려면 잘 들어야 한다

　나와는 다른 생각을 가진 세대와 소통하기 위해서는 경험을 말하기보다는 경청이 필요하다. 90년대생들은 즐거움과 유희를 중요하게 생각하는 세대로 일에서도 즐거움을 찾고자 한다. 불편한 현실도 갑갑하게 보지 않고 가볍고 위트 있게 보려는 성향이 있다. 이에 맞게 그들의 대화 형식 또한 유머와 생동감이 있다. 따라서 기성세대들과 나누는 대화가 자칫 무겁고 진지하다는 생각이 들면 기피하기 시작한다.

　기성세대는 자신의 경험을 통해 깨달은 것들을 젊은 세대에게 알려 주고 싶어 한다. 하지만 하루가 다르게 변하고 있는 생각과 문화 속에서 과거의 경험을 모든 사람에게 적용시킬 수는 없다. 듣는 사람의 입장에서 내 이야기가 고리타분하고 지겨워지는 순간 그 말은 힘을 잃는다. "나 때는 말이야……."보다 "너는 어때?"로 상대의 의견을 물어보자. 그리고 상대가 답하면 "아 그렇구나. 내 생각은……."으로 대화를 이어 가도록 하자. 대화는 주고받아야 제맛이다. 그들과의 대화 속에 나의 말이 일방적인 외침이 되지 않도록 주의하자.

말하기 30% 듣기 70%

흔히 말을 잘하는 사람이 커뮤니케이션 능력도 뛰어날 것이라고 생각한다. 그것은 말하기가 적극적인 행동이고 듣기는 소극적인 행동이라는 오래된 오해 때문이다. 이제는 말하기보다는 듣기가 인간관계의 초석이며 리더의 덕목임이 널리 인식되고 있다. 주변에서 훌륭한 커뮤니케이터로 존경받는 사람들을 보면 능란한 화술보다 훌륭한 경청의 기술을 잘 갖춘 사람들인 경우가 많다. 그들이 갖고 있는 경청의 기술은 남의 말을 무조건 잘 들어주기보다는 다른 사람이 말을 더 많이 할 수 있도록 고무시키는 기술이다.

"제가 답변을 할 기회를 주십시오." "시간이 없으니 증인은 내 말을 다 듣고 예스냐 노냐만 이야기하세요!" 최근 우리 국회 청문회에서 볼 수 있는 모습이다. 청문회에 불려나온 사람들은 고위직이나 현직에 있는 사람들로 그 사안에 대한 증인이다. 그런데 몇몇 의원들은 증인을 죄인 취급하면서 심문하기 일쑤였고 이 때문에 청문회는 증언을 듣는 자리가 아니라 의원들의 고성과 연설을 듣는 자리가 되어 버렸다.

 이런 상황은 청문회뿐만 아니라 가정과 회사에서도 자주 볼 수 있다. 우리는 내가 말한 만큼 상대에게 말할 기회를 주는 것이 기본적인 예의임을 알지만 잘 실천하지 않는다. 인간에게 입이 하나고 귀가 두 개인 이유는 말은 한 번 하되 듣는 것은 그 두 배를 해야 하기 때문이다. 이대로 대화한다면 전체 대화 중 듣는 분량은 3분의 2가 되는 것이다. 그러기 위해서는 내가 하고자 하는 말을 간단하고 명확하게 전달해야 한다. 질문은 핵심을 잘 짚어서 하고 설명은 장황하지 않고 간단해야 한다. 굳이 말하지 않아도 되는 화제는 꺼내지 않고 다른 사람에게 발언의 기회를 준다. 이렇게 30% 정도로 말수를 줄이면 의도적으로 듣기의 수치가 70%로 늘어나게 된다.

 상사가 자신을 무시하는 것 같아 직장생활이 어렵다는 직원들이 생각보다 많다. 취업 포털 사이트 커리어에서 '상사가 죽도록 미울 때는 언제인가?'라고 물어본 결과 1위가 인격을 무시하는 행동이나 말을 할 때(56.3%)였다. 반대로 직원이 미울 때 1위는 의무는 뒷전이고 권리만을 주장할 때(28.12%)였다. 리더는 직원의 주장을 경청해 주었다고 생각하는데 직원은 자신의 의견을 건성으로 듣거나 무시했다고 판단한다. 이 차이는 어디에서 생긴 것일까? 그 이유는 듣기 태도에서 찾을 수 있다. 좋은 경청 태도는 상대를 편하게 하고 존중하는 느낌을 주지만 그렇지 못할 경우 여러 부정적인 감정을 전달한다.

◇ 무시와 경청

1. 무시

팀원: 지시하신 대로 작성을 해 보았습니다만 잘 안 맞는 것 같습니다.

팀장: (모니터만 응시하며) 그걸 왜 못 맞춘다는 거지? 그냥 내가 알아서 할게. 됐어! 나가 봐.

팀원: (무시할 거면 그냥 짜증을 내든지.)

2. 경청의 수준 5단계

1단계: 무시하기. 정신을 다른 곳에 팔면서 듣기 때문에 서로 간의 대화가 되지 않는다. 다른 말로 배우자 경청이라고 부르기도 한다. TV를 보면서 상대방의 이야기를 듣는 흔한 부부의 모습과 같다고 해서 붙여진 이름이다. "나중에 얘기해." "아까 뭐라고 했지?" 식으로 종종 대화를 가로막는다.

2단계: 듣는 척하기. 상대방이 보기에 듣는 척 제스처는 취하지만 머리로는 다른 생각을 하기 때문에 이 역시 서로 대화가 되지 않는 상태이다. 자신의 이야기에 관심을 기울이지 않는 사람과 대화를 하는 것은 자존심이 상하는 일이다.

3단계: 선택적 듣기. 자신이 듣기 원하는 내용만 받아들이고 듣기 싫은 내용에는 아랑곳하지 않는 태도이다. 따라서 내용이 왜곡되고 서로 간의 오해를 불러일으킬 수 있다. 이들의 특징 중 하나는 말을 툭 자르고 자기의 관심사만 질문한다는 것이다. "그건 됐고, 이 부분만 설명해 봐요." 권위적인 상사들에게 많이 나타나는 유형이다.

4단계: 귀 기울여 듣기. 상대방의 말에 귀 기울여서 듣는 단계로 말하는 사람이 느끼기에 '내 이야기를 잘 들어주고 있구나.' 하는 생각이 들게 한다. 이 단계의 사람들은 상대방과 눈을 잘 맞추고 고개를 끄덕이면서 "오, 잘했네." 등 추임새를 넣으며 듣는다. 말하는 사람이 신나고 더 많은 이야기를 하게 된다.

5단계: 공감적 경청. 상대방이 말하는 것에 대해서 이유를 생각하고 왜 이런 이야기를 하는지 맥락을 추측하는 단계다. 마음을 다해서 듣는 단계이며 이때의 핵심은 상대의 감정을 읽는 것이다.

최고 수준의 경청법이다.

사실 경청은 어렵다. 그럼에도 불구하고 리더들이 노력해야 할 이유가 있다. 존중하는 태도를 가장 중요한 리더십의 자질로 강조하는 미 조지타운대 크리스틴 포라스(Christine Porath) 교수는 존중을 당위적 존중(Owed Respect)과 획득적 존중(Earned Respect)으로 나누었다. 특히 당위적 존중(Owed Respect)은 모든 구성원에게 동등하게 부여돼야 하는데 리더들이 이를 실천할 수 있는 가장 대표적인 방법이 바로 경청이다. 당위적 존중을 받지 못할 때 직원들은 차별, 불신, 소외, 분노, 좌절 등 부정적인 감정을 느끼며 이런 감정을 느끼는 직원들에게 있어 수평적 소통은 원천적으로 가능하지 않다.[16]

듣기를 위한 질문

경청의 장점은 상대방이 말을 많이 하게 만들어 많은 정보를 얻을 수 있다는 것이다. 또한 그 사람의 말에 관심을 갖고 듣다 보면 다음 화제를 찾아서 질문으로 이어 갈 수 있다. 따라서 탄력적인 대화, 대

---

16 크리스틴 포래스, 《무례함의 비용》, 정태영 옮김(흐름출판, 2018)

화의 랠리를 이루기 수월해진다. 예를 들면 회사 홈페이지를 개편하는 일로 직원들과 대화한다고 해 보자.

A 팀장: 나는 홈페이지를 개편하는 것이 좋다고 생각합니다.
B 팀장: 여러분은 홈페이지 개편에 대해 어떻게 생각하나요? (먼저 다른 사람의 이야기를 듣고 나서) 나도 여러분과 같은 생각입니다. / 나는 좀 생각이 다릅니다. 왜냐하면……

B 팀장은 팀원의 의견을 듣고 내 의견을 이야기하기 때문에 설령 생각이 달라도 상대는 존중받고 있다는 느낌이 든다. 이는 수평적인 소통의 시작이 된다. 또한 내가 전달할 내용을 질문으로 하게 되면 상대의 이야기를 들어야 하므로 '두 배 듣기'가 자동 실천된다. 다음과 같이 듣기를 위한 질문들을 자주 사용해 보자.

"이것은 당신에게 어떤 의미가 있나요?" "당신은 이 일에 대해 어떻게 생각하나요?" "우리는 어떤 책임을 지게 되나요?" "이 일에서 가장 좋은 부분은 무엇인가요?" "당신의 느낌은 어떤가요?" "또 어떤 것들을 생각할 수 있지요?"

· 요약 ·

90년대생의 대화 형식은 짧고 생동감 있다. 이들은 기성세대들과 나누는 대화가 무겁고 진지하다는 생각이 들면 기피하기 시작한다. 따라서 나만의 일방적인 외침이 되지 않도록 주의해야 한다. 나와 다른 세대와 소통하기 위해서는 경청을 기본자세로 삼아야 한다. 좋은 듣기 태도는 상대를 편하게 만들고 존중하고 있다는 느낌을 주지만 그렇지 못할 경우 여러 부정적인 감정을 느끼게 한다. 탁월한 경청자는 남의 말을 무조건 잘 들어주기보다는 다른 사람이 말을 더 많이 할 수 있도록 고무시킨다.

· 활용 팁

1. 탄력적인 대화를 위한 경청의 방법
말하기 30% 듣기 70%

2. 듣기를 위한 질문하기
"당신은 이 일에 대해 어떻게 생각하나요?"

말투에 품격이 있다

황당한 신조어

배우 황정민 씨의 '갑분싸' 발언이 인터넷상에서 화제가 된 적이 있었다. 새로운 영화 홍보차 라이브 방송에 출연해 신조어 테스트를 했는데 '갑분싸'를 '갑자기 분뇨를 싸지르다.'라고 해석해 웃음을 일으켰다. 갑분싸는 신세대들 사이에서 자주 쓰는 말로 '갑자기 분위기가 싸해지다.'의 줄임말이다. 신조어가 세대 간 소통 단절과 한글 훼손을 일으킨다는 부정적인 인식도 있지만 특정 세대의 문화를 표현하고 있다는 점은 부인할 수 없다.

"아빠(엄마)랑은 진짜 말이 안 통해." 자녀에게서 이런 가슴 아픈 말을 들어 봤을지도 모른다. 실제 90년대생들은 조직에서 부모 세대인 60년대생과 가장 말이 안 통한다고 한다. 60년대생 역시 90년생들이 사용하는 단어나 말투에서 세대 차이를 많이 느낀다고 한다. 살아온 시대가 다르기 때문에 사용하는 단어나 말투가 다를 수밖에 없다. 그래서 리더십 교육에서 빠지지 않고 등장하는 것이 세대 간 소통 및 갈등에 대한 이슈다.

그들의 언어를 이해하자는 취지로 강사는 교육 중에 워밍업으로 신조어 테스트 활동을 많이 한다. 모 식품 회사의 김 이사는 교육을 받은 후 자녀들을 좀 더 이해하고 가까워져야겠다는 결심을 하고 그날 저녁 아이들과 나누는 대화부터 바꿔 보기로 했다.

자녀: 엄마, 오늘 야식 치킨 어때요?
엄마: 개꿀~(좋다는 뜻)
자녀: (정색을 하며) 엄마가 그런 말 쓰는 거 아니에요.

젊은 세대들과의 소통을 위해서 그들의 언어를 이해하는 것은 좋지만 말투까지 따라 할 필요는 없다. 엄마에게는 엄마다운 말투가 있다. 어른이면 어른다운 말투를, 리더는 리더다운 말투를 사용해야 한다. 사람은 모두 자신의 이미지에 어울리는 말투가 있다. 사극을 시청하다 보면 느낄 수 있다. 같은 임금님이라고 해도 폭군과 성군의 말투는 다르다.

고대 그리스의 신(新) 희곡 작가인 메난드로스(Menabdros)는 "그 사람의 인격은 그가 나누는 대화를 통해 알 수 있다."라는 말을 남겼다. 즉, 말 속에는 그 사람의 생각, 경험, 가치관 등이 복합적으로 담겨 있다는 뜻이다. 그래서 '말은 생각을 담는 그릇'이고 '말투는 그 그릇의 모양새'라고 할 수 있다. 같은 음식도 어떤 모양의 그릇에 담느냐에 따라 입맛을 돋우게 만들거나 떨어지게 만든다. 같은 말도 듣기 좋게 하는 사람이 있고 듣기 싫게 하는 사람이 있다. 어투가 퉁명스럽거나 거친 단어를 사용하거나 목소리가 유난히 공격적이면 그런 느낌을 준다.

직장에서도 마찬가지다. 아무리 실력이 뛰어난 리더라고 해도 부정적인 말투, 무시하는 말투, 저속한 말투를 사용한다면 상대방의 마음을 움직이는 인간관계는 맺을 수 없다. 우리는 사소한 말투 하나가 그동안 쌓아 온 자신의 인격을 떨어뜨리는 경우를 많이 접했다. 반면에 일도 잘 풀리고 존경받는 리더는 말투에서부터 품격이 느껴진다.

말투 형성의 3요소

미국의 사회심리학자 앨버트 메르비안(Albert Mehrabian) 교수는 상대방이 나의 메시지를 받아들일 때 우리가 일반적으로 중요하다고 생각하는 말의 내용은 7%의 영향을 주고 청각적인 요소, 시각적인 요소 등 비언어적인 요소가 93%를 차지한다고 했다. 이처럼 전달하고 싶은 메시지는 언어뿐 아니라 목소리, 표정, 태도 등 비언어적 요소가 함께 전달되기 때문에 말투가 중요하다. 말투를 형성하는 3요소에는 단어, 톤, 리듬이 있다.

　◇ 단어
"일하기 싫어."
"사람들이 하나같이 다 이상해."
"힘들어 죽겠네."
"에휴."
그리고 욕설.

일하기 싫다고 습관적으로 말하는 사람은 하루에 8시간 이상 싫은 일을 하면서 지내야 한다. 같이 일하는 사람이 다 이상하다고 말하는 사람은 온종일 이상한 사람들과 마주해야 한다. 힘들어 죽겠다고 하는 사람은 죽지 못해 살고 있는 것이니 얼마나 괴로울까? 이런 말을 하는 사람과 같이 있으면 주변 사람도 맥이 빠진다. 습관적으로 내뱉는 단어가 부정적이라면 한시라도 빨리 긍정적인 단어로 바꿔야 한다. "좋아." "괜찮네." "그럴 수도 있지."와 같은 긍정적인 확언을 찾아서 습관화시켜야 한다.

◇ 톤

"내 얘기 좀 들어 봐. 내가 말이야.↘"

"있잖아, 지난번에 내가 지시한 거.↘"

"할 말이 뭔데?↘"

스펙도 훌륭하고 아는 것도 많은 사람이 있다. 그럼에도 불구하고 대화를 해 보면 왠지 불편하고 신경을 거슬리게 하는 사람이 있다. 말로는 "편하게 생각하고 말해 봐."라고 하는데 말투나 목소리의 톤 때문에 편하지 않게 만드는 사람이 그렇다. 말투 때문에 말의 내용이나 의미가 퇴색되고 소통의 효율성이 떨어지게 되는 것이다. 누군가의 목소리는 생기를 가득히 담은 밝은 목소리인 반면 말투가 항상 어둡고 퉁명스런 사람이 있다.

이런 사람이 얘기를 꺼낼 때 뭔가 심각한 일인 것 같아 긴장하고 들을 준비를 하지만 별일 아닌 경우가 더 많다. 상의할 일이 있어서 전화했지만 목소리를 들으니 선뜻 말을 못 꺼내게 만든다. 매사에 진지한 톤으로 말을 시작하기 때문이다. 흔히 90년대생들이 말하는 '엄근진' 선배의 말투다. 엄근진이란 쓸데없이 엄숙하고 근엄하고 진지한 모습을 나타내는 말이다. 한마디로 딱딱하고 곧고 융통성과는 거리가 멀어 보이는 사람을 일컫는 말이다. 하지만 엄근진을 부정적일 때만 쓰지는 않는다. 예를 들어 거래처의 답답한 일처리에 단호한 의사결정을 내린 부장님을 보고 "오, 우리 부장님 완전 엄근진."이라고도 말할 수 있다.

말의 내용도 중요하지만 어떤 톤으로 말하느냐가 더 중요할 때가 있다. 평소 내가 하는 말의 톤을 좀 밝게 올려 보고 싶다면 콜센터에서 걸려오는 화사한 목소리를 연상하면 된다. "안녕하십니까? 고객님╱"은 음계의 '솔' 톤에 해당한다(과거에는 솔 톤을 유지하라는 교육을 받았다). 솔 톤이 과하다 싶으면 '미' 톤 정도도 괜찮다. 본인이 평소 '엄근진'한 톤이었다면 말끝을 한두 톤 정도만 조정해도 밝기가 달라짐을 느낄 수 있다. 물론 가장 좋은 것은 상황에 맞는 톤의 연출이다.

◇ 리듬
"**나**에게는 **꿈**이 있습니다."
"**그날**이 **오**리라는 **꿈**입니다."

"나에게는 꿈이 있습니다."로 시작하는 유명한 연설이 있다. 1963년 링컨 메모리얼 광장에 모인 100만 청중들 앞에서 한 마틴 루터 킹의 이 연설은 명연설로 꼽힌다. 그의 연설이 사람들에게 감동을 준 이유는 여러 가지가 있겠지만, 스피치 측면에서 목소리는 설득력 있는 톤을, 어조는 적절한 리듬을 갖추고 있기 때문이다. 적절한 리듬을 타며 이야기하는 사람의 말을 들으면 기분이 좋아지고 내용도 귀에 쏙쏙 잘 들어온다. 아나운서가 기사를 받아 들고 연습할 때 가장 염두에 두는 일이 있다. 바로 호흡을 끊어 읽을 곳을 지정하고 강조할 단어에 악센트를 주며 리듬을 타는 연습이다. 겉으로는 평평하고 일정하지만 속으로는 미세하게 리듬을 탄다.

자신도 모르게 습관적으로 사용하는 나쁜 말버릇이 있기 마련이다. 말버릇에 따라 개인의 말투에는 독특한 리듬이 생긴다. 호흡, 말꼬리 늘리기, 말끝마다 "안 그래?" 같은 의문문 사용하기, 어벽이라고 불리는 '이제, 음, 어, 막'과 같은 단어 붙이기 등이 그 예이다. 말버릇을 고치기 위해서는 가까운 사람의 조언을 듣거나 대화를 녹음해서 직접 들어 보는 것이 효과적이다.

이제는 말투에 관심을 가져야 한다. 말투는 몸에 생긴 굳은살처럼 말에 생긴 굳은살이 밖으로 드러나는 모양새다. 습관을 한 번에 바꾸기란 어렵다. 하지만 가장 쉬운 것부터 하나씩 실천하면 바뀔 수 있다. 단어, 톤, 리듬만 바꿔도 "그 사람은 말을 공격적으로 해." "그 사람은 매사가 부정적이야." "그 사람은 따지는 말투야."와 같은 오해에서 벗어날 수 있다.

· 요약 ·

어른은 어른다운 말투, 리더는 리더다운 말투를 써야 한다. 말투는 자신의 이미지를 형성하는 데 큰 작용을 한다. 아무리 권위 있는 자리에 있어도 말투가 품격이 없다면 사람들은 더 이상 그를 신뢰하거나 존경하지 않는다. 우리는 잠깐의 대화를 통해서도 그 사람의 인격을 짐작할 수 있다. 커뮤니케이션에 있어 말의 내용과 의미를 잘 전달하는 기술은 중요하다. 그러나 그에 못지않게 자신의 말을 잘 포장하는 능력도 중요하다. 즉, 내가 습관적으로 쓰는 단어, 톤, 리듬에 대해서도 관심을 가져야 한다. 무심코 드러난 말투 속에 나의 감정과 품격이 묻어나기 때문이다.

· 활용 팁

1. 단어
"좋아." "괜찮네." "그럴 수도 있지."

2. 톤
"여기 너무 좋다.↗"

3. 리듬
그날이 **오**리라는 **꿈**입니다.

맞장구는 상대를 춤추게 한다

잔소리보다 싫은 무반응

90년대생을 맞이한 많은 조직에서는 세대 간 소통 교육에 관심이 많다. 교육 과정을 설계할 때 현장 사례를 참고하기 위해 리더와 부하 직원을 인터뷰하게 되는데 이때 서로의 대화 스타일에 대해 공통적으로 몇 가지 불만을 제기하는 경우가 있다. 그중 하나가 직원이 리더에게 보고 시 리더의 반응에 대한 것이다.

사원: 팀장님. 준비하라고 하신 서식입니다.

팀장: ······.

사원: 지난달과 비교할 수 있는 부분을 추가했습니다.

팀장: …….

사원: (주눅 들기 시작) 그리고 또 뭐더라…….

리더가 이렇게 무반응으로 듣고 있다가 본인이 할 말만 단도직입적으로 한다. 그러면 직원은 점점 머리가 하얘지면서 말문이 꽉 막혀 버린다는 것이다. 리더가 어떻게 반응해 주길 원하느냐고 물었을 때 직원의 요구는 매우 간단했다. '아, 오, 음.' 같은 간단한 추임새나 고개를 끄덕이는 반응만으로 대화를 시작해도 좋다는 것이다. 아무래도 인정을 받고 싶은 욕구가 큰 세대인 만큼 리더의 반응에 민감하다. 그들은 칭찬까지는 아니더라도 일단 자신의 의견이 전달되었다는 것을 확인받고 싶어 한다.

직원들이 원하는 리더의 반응은 '맞장구'다. 맞장구는 말하기 기술이라기보다는 상대가 말을 잘 할 수 있도록 배려하는 경청의 기술에 가깝다. 맞장구는 상대의 말에 무조건 동의했을 때만 하는 것이 아니다. 상대의 말을 이해하고 공감하고 있다는 배려의 표현이다. 만약에 리더가 직원의 보고를 받을 때 아무런 반응도 하지 않고 무표정한 얼굴로 있다고 해 보자. 십중팔구 직원들은 '내가 잘못했나?' 또는 '뭔가 부족한가?'라며 의기소침해한다. 그러나 맞장구를 쳐 주면 흥이 나서 계속 자신의 말을 이어 갈 수 있게 된다. 리더가 내 의견을 긍정적으로 평가하고 있다는 신호로 받아들이기 때문이다.

19세기 프랑스의 공연장에는 조직적으로 활동하던 클랙(Claque)이라는 박수 부대가 있었다. 이들은 가수나 극단에 고용되어 공연 시 박수를 쳐 주면서 분위기를 띄우는 역할을 했다. 그들은 역할을 세분화해 관객의 분위기를 이끌어 냈다. 큰 박수 소리를 선도하는 역할, 큰소리로 평을 하는 역할, 억지 눈물을 흘리는 역할, 앙코르를 외치는 역할로 각각 맡은 바가 달랐다. 이들은 작품의 흥행에 따라 보수를 받았는데 오늘날 걸작으로 불리는 많은 작품들 역시 박수 부대의 영향을 받았다. 물론 이런 폐단 때문에 19세기 들어 박수 부대가 공연장에서 사라지게 되었지만 호응과 맞장구가 말하는 사람에게 얼마나 중요한 요소인지 알 수 있는 실례다.

대화 중에 듣고 있는 사람의 반응이 시큰둥하면 내가 지금 실수를 하고 있는 것은 아닌지 불안하고 말을 이어 가기가 어렵다. 애초에 맞장구는 풍물놀이를 할 때 둘이 마주 서서 장구를 치는 모습에서 나온 말이다. 맞장구를 잘 치려면 서로 호흡을 잘 맞춰야 한다. 다음은 리더가 활용할 수 있는 다양한 맞장구 표현들이다.

맞장구로 공감대 형성하기

◇ 상황별 맞장구 표현

1. 공감의 맞장구

상대에게 느껴지는 감정을 말로 표현하며 공감하는 말투

"아, 오, 음." "내가 다 기쁘네." "속상하겠네." "고생했네."

2. 동의의 맞장구

상대의 말에 적극적인 동의를 표현하는 말투

"맞아." "정말 그렇지." "나도 그렇게 생각해." "물론이지."

3. 흥을 돋우는 맞장구

상대가 말을 더 신나게 할 수 있도록 돕는 말투

"와~" "그래서?" "그리고?" "그다음은 어떻게 됐어?"

4. 정리의 맞장구

상대의 말을 다시 한번 정리하면서 요약하는 말투

"그 말은 ~이란 말이지?" "그러니까 ~게 된 거군." "~한 게 중
요한 부분인 거지?"

리더는 구성원을 코칭하거나 지도해야 하는 입장으로서 긍정적인

맞장구만 칠 수는 없다. 상황에 따라서는 부정적인 뉘앙스의 맞장구를 사용할 필요가 있다. 미국 노스캐롤라이나대학의 체스터 인스코(Chester Insko) 박사는 학생들을 대상으로 실험을 진행했다. 그는 175명의 학생을 무작위로 뽑아 전화를 걸었고 통화를 하는 중에 학생이 그의 마음에 드는 이야기를 하면 "대단한걸." "오! 그래?"와 같은 긍정적인 맞장구를 쳤다. 반대로 그의 마음에 들지 않은 이야기를 하면 "흠." "글쎄."와 같은 부정적인 맞장구를 쳤다. 그러자 학생들은 차츰 박사가 긍정적인 반응을 보인 이야기에 맞추어 말하기 시작했다. 결국 학생들은 박사가 좋아하는 말을 많이 하게 되었다.

조직 사회에서 구성원들은 리더의 반응에 큰 영향을 받는다. 이들이 가급적 리더의 의견에 맞추고자 노력하는 것은 어떻게 보면 당연한 이치이다. 따라서 리더는 적절한 맞장구로 구성원을 이끌어 갈 수 있어야 한다. 리더의 긍정적인 맞장구는 직원들에게 자신감을 주어 신나게 의견을 낼 수 있게 만든다. 부정적인 맞장구를 습관적으로 사용하면 문제가 되지만 이를 의도적으로 적절히 활용하면 오히려 원하는 효과를 낼 수 있다.

미소, 눈빛, 고개 끄덕임, 박수 치기 등 보디랭귀지를 곁들여 보자. 물론 진심이 빠진 맞장구는 좋은 방법이 될 수 없다. 그러나 진심이 전달된다면 젊은 세대들과 공감대를 형성하고 좋은 관계를 유지하는

데 도움이 될 것이다. 자신의 말에 관심을 가져주는 이에게 감사함을 느끼지 않는 사람은 없다. 맞장구는 심리학적으로 매우 가치 있으면서 커뮤니케이션에서 활용할 수 있는 간단한 스킬 중 하나다.

• 요약 •

리더의 무반응은 직원의 자신감을 떨어뜨리며 의기소침하게 만든다. 리더의 맞장구는 대화에 활력을 불어넣는 데 큰 효과가 있다. 리더들은 부정적인 맞장구와 긍정적인 맞장구를 잘 사용해서 구성원들이 신나게 의견을 내도록 도와주거나 원하는 업무 방향으로 이끌어 갈 수 있어야 한다. 맞장구는 상대의 호흡에 맞춰 적극적으로 표현하는 것이 좋고 이렇게 하면 상대방은 편안함과 안정감을 느끼게 된다. 그러나 가장 중요한 것은 스킬로만 활용하기보다는 진심 전달에 집중하는 것이다.

• 활용 팁
1. 공감의 맞장구
"오~" "속상했겠다."

2. 동의의 맞장구
"물론이지." "정말 그렇지."

3. 흥을 돋우는 맞장구
"와~" "그래서?"

4. 정리의 맞장구
"그 말은 ~이란 말이지?"

무엇보다도 논리가 중요하다

말하기의 구성

직장인 10명 중 7명은 회의로 인한 스트레스를 경험한다. 이 모 씨 (30)는 "회의란 것이 결론을 도출하기 위해 머리를 맞대는 건데, 매번 상사인 모 과장이 핵심을 흐려 놓는다."라며 회의가 잘 진행된다고 해도 대부분은 상사의 의견만 일방적으로 전달된다는 지적을 했다. 취업 포털 사이트 인크루트의 설문 조사 결과에 따르면 직장인의 53.9%가 상사의 의견만 전달되는 식으로 회의가 진행되고 있다고 밝혔다. 회의에서 활발한 의견 교류를 하고 있다는 직장인들은 33.9%에 불과했다.

설득을 잘하기 위한 말하기는 '구성'의 힘에서 나온다. 핵심 메시지를 꺼내는 타이밍이나 설명의 흐름을 이어 가는 적절한 방법은 말의 구성에 있다. 스피치는 대화의 성격과 목적에 따라 종류가 다양하다. 상대방과 공감하기 위한 소통을 목적으로 하는 말하기가 있고 논리적으로 간결하게 핵심만 전달하는 말하기가 있다. 이렇게 목적에 따라 말하기의 구성을 달리해야 한다.

말하기의 구성은 설명 시 결론을 드러내는 시점에 따라 두괄식과 미괄식으로 나눌 수 있다. 두괄식은 핵심적인 주장을 말의 서두에 꺼내는 방식으로 빠른 시간 내에 중요한 것만 전달할 수 있으며 상대방이 궁금해하는 것을 명확하게 기억시킨다는 장점이 있다. 그러나 결론이 앞에 등장하기 때문에 일방적으로 강요하는 듯한 느낌을 줄 수 있다. 특히 상대가 부정적으로 느낄 수 있는 결론일 경우 상대방의 방어적 태도를 강화시킬 수 있다.

미괄식은 사례, 근거, 이유 등을 차근차근 설명하여 작은 동의를 모아 가는 방식이다. 설명의 과정에서 얻은 동의로 자연스럽게 설득력을 높이는 것이 장점이다. 세심한 설명 후에 핵심 메시지를 전달하기 때문에 듣는 사람 또한 편안해한다. 그러나 대화가 길어지면 집중력이 흐려지고 앞선 설명의 동의가 잘 이루어지지 않으면 임팩트가 떨어진다.

핵심 메시지를 서두에 이야기하는 것이 좋을지 아닐지는 대화의 성격과 목적에 따라 판단해야 한다. 직장 내에서는 주로 회의, 지시, 보고가 대화의 목적인 경우가 많아 두괄식의 설명이 유용할 때가 많다. 리더의 스타일에 따라 조금씩 달라질 수 있지만 대부분의 경우 비즈니스 화법은 결론부터 시작한다.

PREP로 주장하고 AREA로 반론하기

결론이 명확하지 않으면 상대가 대체 무슨 이야기를 하고 싶은 건지 이해할 수 없다. 비즈니스 화법에서는 감정적이거나 초점이 어긋난 발언은 지양하고 핵심을 가장 먼저 말해야 한다. 논리적으로 말해서 설득력을 높여야 하는데 PREP가 그런 대화법이다. 윈스턴 처칠이 즐겨 사용했다고 해서 '처칠식 말하기 기법'이라고 부르기도 한다.

◇ PREP

1. Point
말하고 싶은 핵심이나 결론을 짧고 명료하게 말한다.

2. Reason

'왜냐하면'을 통해 주장을 하게 된 이유를 말한다.

3. Example

주장이나 이유에 대한 사실, 근거, 사례를 들어 설득력을 높인다.

4. Point

주장한 내용을 강조하기 위해 다시 한번 결론을 반복한다.

> **예시**
>
> P: 이번에는 연봉을 10% 올려 주시기 바랍니다.
>
> R: 왜냐하면 물가가 올라서 지금 월급으로 생활하기 힘들기 때문입니다.
>
> E: 올해 물가 상승률이 4%인데 작년부터 임금이 동결되니 생활비 충당이 어렵습니다.
>
> P: 그러니 연봉을 10% 올려 주셨으면 합니다.

내가 주장하고자 하는 핵심을 먼저 말하고 그 이유를 설명한다. 다음에 주장을 뒷받침할 사례와 근거를 든다. 그리고 최종적으로 다시 한번 주장을 해서 강조해 준다.

직원이 자신의 의견을 논리적으로 말했다면 다음은 리더가 반응할 차례이다. 상대방의 의견에 동의한다면 문제가 없지만 상대의 주장에 반론을 제기할 때 우리는 무심결에 이렇게 말하곤 한다. "말도 안 돼." "틀렸어." "그건 아니지." 이것은 상대의 주장을 대놓고 무시하는 말투다. 이렇게 상대의 감정을 건드리게 되면 그다음부터는 논리적이고 이성적인 토론이 이루어지지 않는다. 더군다나 상하관계가 있는 조직에서 상사가 이런 반응을 보이면 직원의 재반론이 어려워진다. 조직에서 회의에 많은 시간을 들이지만 제대로 된 아이디어가 나오지 못하는 이유가 여기에 있다. 대화나 토론을 잘하는 사람은 자기 주장이 강한 사람이 아니라 상대가 주장한 내용에 대해 반론을 잘하는 사람이다. 하지만 무작정 반대 의견만 제시해서는 안 된다. 상대의 감정을 건드리지 않으면서 납득시킬 수 있는 반론을 해야 한다.

반론을 위한 대화법인 AREA는 PREP와 구성이 비슷하지만 여기서 핵심은 상대의 주장을 내 언어로 다시 반복하면서 말을 시작한다는 것이다. 예를 들면 "연봉을 10% 인상해 달라는 말이지?"라고 복창해 주는 것이다. 이는 상대의 주장을 충분히 들었고 존중하고 있다는 의미다. 그 이후에 자신의 주장이나 반론을 제기해야 한다.

◇ AREA

1. Assertion

상대의 주장을 복창해 준다.

2. Refutation

내 주장을 피력하며 반론을 제기한다.

3. Evidence

내 주장을 뒷받침할 근거나 자료, 사례를 들어 설득력 높인다.

4. Assertion

주장을 강조하기 위해 다시 한번 결론을 반복한다.

예시 1

P: 상무님, 서비스센터 전국 지점에서 사원 CS교육을 진행했으면 좋겠습니다.

R: 요즘 홈페이지 고객 게시판에 불만 접수가 늘어났기 때문입니다.

E: 경쟁사 A에는 정기적인 CS교육이 있다는데 저희는 그런 기회가 없어 서비스 마인드가 떨어진 것 같습니다.

P: 그래서 전 직원을 대상으로 CS교육을 진행했으면 좋겠습니다.

A: 전국 지점 사원을 대상으로 CS교육을 시작해 보자는 이야기지요?

R: 요새 현장 인력이 줄어서 지점장들 고민이 많던데 교육 받으러 올 시간이 있을까요?

E: 지난번 본사에서 CS 매뉴얼을 제작해 놓고 아직 사용하지 못한 걸로 아는데.......

A: 전체 교육을 하기 전에 우선 그것을 자체적으로 활용해 보면 어때요?

예시 2

P: 상무님, 저희 팀에 직원을 보충해 주셨으면 합니다.

R: 일이 늘어서 지금 팀원들이 많이 힘들어합니다.

E: 그동안 세 명이 여덟 군데 지사를 관리할 때도 바빴는데 이번에 지사가 세 군데나 늘어 더 힘듭니다.

P: 그러니 직원을 보충해 주셨으면 합니다.

A: 직원을 보충해 달라는 요청인데,

R: 안타깝게도 회사 입장에서는 올해 인원 충원 계획은 없습니다.

E: 작년까지 적자가 너무 커서 사실 상여금도 지급하지 못할 뻔했습니다.

A: 당장 직원 보충이 어렵지만 업무를 분담할 수 있는 다른 방법

을 찾아보면 어떨까요?

'PREP로 주장하고 AREA로 반론하기'. 이 방법이 습관화된다면 회의 중 일방적인 의견 전달의 문제를 해소할 수 있다. 또한 조직의 건설적인 토론 문화를 이루는 데 큰 도움이 될 것이다.

· 요약 ·

조직에서의 활발한 의견 교류를 위해서는 올바른 비즈니스 화법을 구사할 필요가 있다. 설득을 잘하기 위한 말하기는 '구성'의 힘에서 나온다. 대표적인 논리적 대화법에는 PREP와 AREA가 있다. 내가 주장하고자 하는 핵심을 서두에서 미리 말하고 그 이유를 설명한다. 다음에 주장을 뒷받침할 사례와 근거를 든다. 그리고 최종적으로 다시 한번 주장을 반복해서 말하며 자신의 의견을 강조하는 방법이다.

· 활용 팁
1. PREP
Point: 핵심, 주장, 결론
Reason: 이유
Example: 사실, 근거, 사례
Point: 내 주장을 반복

2. AREA
Assertion: 상대의 주장을 복창
Refutation: 반론을 제기, 내 주장
Evidence: 사실, 근거, 사례
Assertion: 내 주장을 반복

좋은 관계를
만드는
말투

뜨거운 격려는 용기를 심어 준다

실패에 취약한 90년대생

조직에서 90년대생들의 포지션은 대부분 신입 사원이다. 이들이 조직에 완전히 적응하기까지 심적인 어려움이 클 수밖에 없다. 취업 포털 사이트 사람인의 조사에 의하면 최악의 취업난에도 불구하고 기업의 조기 퇴사자 비율은 꾸준히 늘고 있다. 그중 1년을 버티지 못하고 퇴사하는 신입 사원이 가장 많다고 한다. 이러한 조사 결과로 사회초년생일수록 새로운 환경과 직무에 적응하는 데 더 많은 스트레스를 겪고 있음을 알 수 있다.

신입 사원의 부적응은 개인의 문제만이 아니다. 비용적인 면에서도 기업의 손실을 일으킨다. 연봉, 직무 등 조직을 떠나는 사람들에게는 여러 가지 이유가 있다. 하지만 인간관계나 낯선 문화로 인한 부적응은 조직 차원의 관심으로 사전에 예방하고 도울 수 있는 부분이다.

삶은 예전보다 풍요롭고 편리해졌지만 현대를 사는 사람들은 마음의 감기를 더 쉽게 앓는 기현상이 벌어지고 있다. 도전을 두려워하고 인정받지 못하면 쉽게 좌절하는 사람들도 많아졌다. 응석받이로 자란 90년대생들이 회사에서의 실패나 질책에 좀 더 취약한 것은 사실이다. 물론 힘든 상황 속에서도 성공을 이루어 내는 사람들도 있다. 심리학자 아들러는 이 사람들의 가장 큰 차이를 용기의 문제로 보았다. 아들러는 용기를 상실한 사람들이 인생의 목표를 향해 한 걸음이라도 더 나아갈 수 있도록 도와주는 것이 중요하다고 했다. 이렇게 용기를 잃은 사람을 변화시키기 위해 필요한 것은 '격려'다.

직원이 실수를 해서 낙심하고 있다면 리더는 어떤 말을 해 줘야 할까? "어떻게 과장을 달았냐?" "콘도 분양은 왜 한 건도 못하는 건데?" 이는 한 콘도 분양 회사에 다니는 이 모 씨가 상사에게 실제로 들은 무시의 말들이다.[17]

---

17 SBS 뉴스, 「상사 질책 못 견뎌 극단적 선택… '업무상 재해'」 2016.2.14.

직원의 실수와 저조한 성과에 리더가 대범하기란 어렵다. 실수의 크기에 따라 그 책임이 리더인 자신에게 돌아올 수 있고 회사에 손해를 끼칠 수 있기 때문이다. 그러나 그 일로 가장 힘든 사람은 실수를 한 당사자다. 물론 잘못한 일에는 책임이 따라야 하지만 풀이 죽어 있는 사람을 무조건 책망해 봐야 문제는 해결되지 않는다. 더군다나 열심히 노력했음에도 불구하고 결과가 좋지 못한 것이라면 더욱 그렇다.

리더가 해 주는 격려의 말

리더가 절대 해서는 안 될 일 중의 하나가 바로 한창 성장하고 있는 직원의 의욕을 꺾는 것이다. 조직은 성장한 사람만이 모인 집단이 아니라 다양한 성장 단계에 있는 사람이 모인 곳이다. 따라서 제대로 된 직장이라면 직원의 성장 과정까지도 받아들일 수 있어야 한다. 회사는 직원 한 명 한 명이 모여 만들어진 유기체이기 때문이다.

"신입 때는 다 실수하면서 배우는 거야. 대신 빚이라고 생각하고 나중에 두 배의 성과로 만회하도록 해." 실수한 직원에게 이런 말을 해 주는 리더라면 어떨까? 질책 받을 것을 예상했다가 의외의 격려를 받은 직원은 리더에게 감격하고 신뢰감을 갖게 될 것이다. 그리고 리더의 말처럼 실수를 만회하기 위해 더 의욕을 가지고 일을 하게 될 것이다.

격려는 칭찬과 같은 듯하지만 다르다. 칭찬은 무엇을 했을 때 '잘했어.'와 같이 말하며 상대를 높이 평가하는 것이라면 격려는 '할 수 있어.'와 같이 용기나 의욕이 솟아나도록 지지해 주는 말이다. 격려는 결과와 상관없이 과정에서의 노력을 강조하며 일을 하기 전에 먼저 힘을 보태 주거나 일의 결과가 기준을 넘지 못해도 해 줄 수 있는 존중의 표현이다. 이는 용기를 잃고 낙심하고 있는 사람에게 견뎌 낼 힘과 자신감을 준다. 또 자신이 누군가에게 존중받는 존재라는 인식이 생겨 조직 내에서의 소속감이 증가된다.

기업에서는 연초 정도면 으레 인사발령과 이동을 실행한다. 모두 잘되면 좋겠지만 경우에 따라 승진에서 누락되거나 좌천 통지를 받는 직원이 생긴다. 직속 상사의 입장에서는 이런 상황이 여간 안타깝고 불편한 것이 아니다. 직원 입장에서는 인사고과에 대한 원망과 낙심 등 부정적인 감정을 품게 된다. 이때 리더는 가장 먼저 직원의 기분에 충분히 공감해 주어야 한다. 다음은 승진에서 누락된 이유를 납득할 수 있도록 확실히 알려 준다. 그리고 가급적 빠른 시일 내에 자신의 현실을 받아들일 수 있도록 도와야 한다. 이럴 때 필요한 것이 격려의 말이다.

예를 들어 본사에서 지방 공장으로 발령을 받아 낙심하고 있는 직원이 있다면, "현장을 배울 수 있는 좋은 기회라고 생각하자. 앞으로 관리직으로 승진하게 되면 이번 현장 경험이 큰 도움이 될 거야."라고 말해 줄 수 있다. 새로운 상황에서 얻을 수 있는 긍정적인 부분을 부각시켜 주는 격려를 하는 것이다. 리더라면 난관에 부딪혀 힘들어하는 직원에게 적절한 타이밍에 위로와 격려의 말을 건넬 수 있어야 한다.

◇ 격려의 말들
"고생 많았어. 이번에 정말 힘들었지?"
"정말 수고 많았어요."
"지금도 잘 하고 있어."
"힘내! 할 수 있어."
"당신이 우리 팀원인 게 자랑스럽습니다."
"괜찮아. 다음에 잘할 수 있어."

고생하는 구성원들에게 이렇게 격려를 해 준다면 없던 힘도 솟아날 것이다. 특별히 뛰어난 성과를 낸 경우가 아니어도 할 수 있다. 격려는 특수한 상황에서만 쓸 수 있는 특별한 말이 아니기 때문이다.

현대인은 누구나 약간씩 결핍을 가지고 있다. 가족이나 직원을 감동시키는 격려야말로 결핍을 채워 주는 말이며 깊은 인간관계의 원동력이 된다. '격려(Encouragement)'의 어원은 라틴어로 심장(Cor)을 뜻하는 말에서 나왔다. 어원을 해석하면 '심장을 준다.'라는 의미다. 즉, 뜨거운 심장을 주듯 진심을 다해 용기를 주는 것이 격려이다. 리더는 직원들을 위해 작고 사소한 일이라도 격려의 말을 아끼지 말아야 한다.

> **· 요약 ·**
>
> 탁월한 리더들은 조직 구성원의 동기를 부여하는 데 있어서 칭찬과 질책을 적절히 구사한다. 뿐만 아니라 적절한 타이밍에 격려를 한다. 격려는 그 사람이 일을 해 온 과정 자체를 인정해 준다는 의미이며 그 과정을 안다는 것은 평소 직원이 일하는 모습을 지켜보고 관심을 가지고 있었다는 것이기도 하다. 격려에는 커다란 힘이 숨겨져 있다. 리더의 격려를 통해 구성원들은 실패와 실수를 극복할 수 있는 용기를 찾게 된다.
>
> **· 활용 팁**
> "넌 할 수 있어." "당신은 잘할 거야!" "수고했어. 정말 힘들었지?" "당신이 내 남편(아내)이라는 게 자랑스러워요."

좋은 관계는 공감에서부터 시작된다

원하는 건 공감

존경받는 리더들에게는 업무상의 고민은 물론 인생 상담을 요청해 오는 후배들이 많다. "팀장님. 요새는 통 되는 일이 없어요. 어쩌면 좋죠?" "프로젝트를 열심히 했는데 자꾸 인정을 못 받아요. 저와 업무가 잘 안 맞나 봐요." 이처럼 솔직하게 자신들의 고민을 털어놓은 후배들에게 리더는 어떻게 대응해야 할까?

어떤 리더는 자신의 경험을 예로 들며 조언을 해 준다. 또 어떤 리더는 자신의 기준과 판단으로 문제를 평가하여 해결에 도움을 줄 수도 있다. 신념과 가치관이 강한 리더들은 잘못된 부분을 즉시 계도해 주려고 나서기도 한다. 후배가 고민을 들고 찾아오면 대부분의 리더들은 이렇게 힘이 되어 주고 싶어 하지만 해결해 주려는 의욕이 앞서서 상담이 시작되자마자 이처럼 자신의 의견부터 이야기한다. 이것은 현명한 대응이라고 볼 수 없다.

그들이 리더에게 고민을 털어놓는 이유는 분명한 답을 얻기 위함도 있지만 자신에게 공감해 주기를 바라는 마음이 먼저이다. '어쩌면 좋죠?'라고 묻지만 실제로 '나 열심히 했는데 인정해 줘.' '사회가 잘못된 거라고 말해 줘.' '괜찮다고 말해 줘.' 이런 말들을 하고 있는 것이다. 사람들의 말은 이중적인 경우가 많다. 겉으로 표현하는 것과 속마음이 다를 때가 많다. 따라서 상대의 맥락을 해석하지 못하면 공감이 필요할 때 해결책을 내놓는 대화만 하고, 해결책이 필요한 대화를 할 때 공감만 해 주고 끝나는 경우가 생긴다.

후배의 고민을 들었다면 일단 "그랬구나. 속상했겠다."와 같은 표현을 하며 상대의 감정을 읽어 줘야 한다. 공감은 상대의 감정에 관심을 가지는 것에서 출발한다. 즉, 공감의 핵심은 '역지사지'라고 할 수 있다. 이렇게 공감하는 자세를 보여 주면 후배는 리더가 자신의 고민을 진지하게 경청하고 있다고 느끼게 된다. 누군가와 상담을 하거나 대화를 시작할 때는 최초의 대응 방법이 중요하다. 상대가 공감을 충분히 받았다고 생각하면 그때부터 진정한 소통이 이루어지기 때문이다. 우선 충분히 공감을 해 주고 상대가 마음의 문을 열면 그 때 위로, 조언, 평가, 판단을 해 주어도 늦지 않다.

대부분의 사람들은 선천적으로 어느 정도의 공감 능력을 가지고 태어난다. 엄마는 아이가 아프면 같이 아파한다. 상대방이 웃으면 나도 따라 웃고 인상을 쓰면 나도 따라 인상을 쓰게 된다. 사람들이 타인의 감정을 내 감정처럼 느끼고 행동을 따라 할 수 있는 것은 우리의 뇌 속에 같이 느끼고 따라 하기를 가능하게 해 주는 '거울신경세포(Mirror Neuron)'가 있기 때문이다.

이탈리아의 신경심리학자인 리촐라티(Giacomo Rizzolatti) 교수는 원숭이를 통해 뉴런이 어떻게 활동하는가를 관찰하던 중에 새로운 사실을 발견했다. 다른 원숭이나 주위에 있는 사람의 행동을 지켜보기만 한 다른 원숭이의 뇌에서 자신이 움직일 때와 마찬가지로 반응하는 뉴런들이 있었다는 것이다. 내가 그것을 직접 할 때와 내가 그것을 직접 경험하지 않고 보거나 듣고만 있을 때 동일한 반응을 하는 뉴런이 바로 '거울신경세포'다. 이러한 공감 능력 덕분에 사람들은 사회적 교류를 이어 갈 수 있고 소통할 때 어떻게 반응해야 할지 결정할 수 있게 된다.[18]

18 네이버 캐스트, 김경일, 「생활 속의 심리학, '거울뉴런'」 2011.5.9.

공감이 어려운 이유

공감 능력이 있음에도 우리는 왜 공감을 어려워하는 것일까? 첫 번째는 나의 신념 때문이다. 사람은 서로 가치관이 다르며 같은 일에도 다르게 반응한다. 더 정확하게는 상대가 가진 사고의 틀을 은연중에 내가 받아들이지 않는 데 있다. 예를 들어 "동료가 우유부단해서 일이 잘 진행이 안 돼요."라고 말하는 후배에게 "나라면 신경 안 쓸 것 같은데. 네가 너무 예민한 거 아니니?"라고 반응하는 경우다. 공감은 상대가 가진 사고의 틀에서 상대가 느낀 감정을 내가 지각하는 것이다.

두 번째는 흔히 많이 헷갈려 하는 것인데 공감을 동의로 착각하기 때문이다. 공감이란 상대의 입장에서 생각과 감정을 이해하는 것이지만 동의는 의견을 같이하거나 그 사람의 행동을 승인한다는 의미다. 동의하지 않아도 공감은 할 수 있다. 배고파서 빵을 훔친 사람의 이야기를 듣고 공감했다고 해서 내가 꼭 빵을 훔치겠다는 이야기는 아니라는 것이다.

세 번째는 표현 부족이다. 내가 공감을 했으면 그 의미와 느낌을 상대에게 전달해야 한다. 그래야 완전한 공감이 된다. 말을 하지 않으면 아무 소용도 없다. 이때 좋은 표현은 "네가 어떻게 느끼는지 알겠어." "무슨 말인지 알 것 같아."보다는 "정말 힘들었겠다." "뭐 그런 애가 다 있냐!" "정말 화났겠다." "와! 신났겠다!" 등 상대가 그 상황에서 느꼈을 감정, 생각, 반응을 표현해 주는 것이다.

공감은 고민 상담에만 필요한 것이 아니다. 직원이 제안한 기획이나 의견 등 모든 대화에서 필요하다. 대화를 하면서 '당신을 지지한다.'라는 입장을 보일 필요가 있는 것이다. 누군가가 자신을 지지해 주고 있다고 느낄 때 사람은 힘이 나기 마련이다. 상대의 감정을 온전히 존중하려는 자세에 있어 공감은 중요한 요소이다. 그러므로 상대의 고민을 들었다면 일단 감정부터 지지해 주도록 하자.

◇ **공감의 표현**

예시 1

팀원: 팀장님. 요새는 통 되는 일이 없어요. 어쩌면 좋죠?

팀장: 요새 기분이 안 좋구나?

예시 2

팀원: 프로젝트를 열심히 했는데 자꾸 인정을 못 받아요. 저와 업무가 잘 안 맞나 봐요.

팀장: 많이 속상했지. 나라도 그랬을 거야.

팀원: 프로젝트를 열심히 했는데 자꾸 인정을 못 받아요. 저와 업
무가 잘 안 맞나 봐요.

팀장: 많이 화가 났구나.

팀원: 아니오.

팀장: 그럼 억울했니?

팀원: 아뇨, 많이 비참했어요.

팀장: 저런……. 내가 그 기분을 다 이해할 수는 없지만 얼마나 속
상했겠어.

만약 공감을 해 주었는데 감정의 꼬리표를 잘못 달았다 해도 괜찮
다. 상대의 기분을 완전히 이해할 수는 없어도 함께할 수는 있다. 상
대의 진짜 기분은 알 수 없다고 하더라도 온전히 존중하려는 노력은
공감에 꼭 필요한 자세다.

90년대생들의 모습에는 기성세대가 이해하지 못하는 부분이 많을
것이다. 이기적이며 별 생각도 없이 사는 것 같고 예의도 없는 것같
이 느껴진다. 하지만 우리가 그들이 자라 온 환경, 부모의 양육 태도,
그들의 사회와 경제적인 환경에 조금만 관심을 가지면 왜 그런 행동
을 하는지 이해할 수 있다. 겉으로 나타나는 행동만 보고 평가할 것
이 아니라 그들의 속마음을 읽고 공감해 주려는 노력이 필요하다.

· 요약 ·

직원들이 고민을 털어놓을 때는 자신의 문제를 해결해 주길 바라는 것도 있지만 자신의 마음을 알아주고 공감해 주기를 기대한다. 힘이 되어 주고 싶은 의욕이 앞서 성급하게 문제를 해결해 주려고만 하면 소통이 제대로 이루어지지 않는다. 먼저 공감을 해 주자. 공감을 할 때는 나의 신념을 내려놓고 상대의 감정을 지각해 느낀 점을 말로 표현하는 것이 중요하다. 상황에 따라서 공감도 해 주고, 도움이 필요할 때는 해결을 위한 조언도 해 주는 리더를 직원들은 인생의 멘토로 여긴다.

· 활용 팁

1. 공감을 방해하는 말투
"무슨 말인지 알 것 같아." "그럴 때 나는 이렇게 해." "운이 없었네요."

2. 공감의 말투
"그런 슬픈 일이 있었구나." "힘들었겠다." "와, 정말요? 기분 좋겠어요."

조직을 즐겁게 만드는 긍정의 언어

긍정적인 분위기에서 좋은 아이디어가 나온다

90년대생들은 삶에서 재미와 유희를 중요시한다고 말한 바 있다. 그들은 자신이 즐기는 일을 업으로 삼는 것을 성공이라고 생각할 만큼 일터에서도 재미를 추구한다. 그들의 재미의 기준은 그것이 얼마나 자율적이고 주체적인가에 있다. 형식적이고 이념적인 것이 아닌 창의적이고 개인적인 견해가 들어간 것을 재미라고 여긴다. 20대는 인생에서 창의력이 가장 활성화되어 있는 시기이다. 따라서 기업의 지속적인 성장 여부는 이들의 창의력을 확보하고 육성하여 잠재력을 얼마나 이끌어 낼 수 있는가에 달려 있다.

《상사를 내 편으로 부하를 심복으로》의 저자 아드리안 고스틱(Adrian Gostick)과 스콧 크리스토퍼(Scott Christopher)는 직원들의 마음 상태가 편안할 때 창의적인 아이디어가 증가한다고 주장했다. 그들은 이를 입증하기 위한 실험을 진행했는데, 한 그룹에게는 유머러스한 영화를 보여 주었고 또 다른 그룹에게는 잔인한 영화를 보여 주었다. 그 후 회의를 진행하니 유머러스한 영화를 시청한 그룹이 그렇지 않은 그룹에 비해 브레인스토밍에서 더욱 많은 아이디어를 제안했다. 고스틱과 크리스토퍼는 이 실험을 통해 조직의 리더가 긍정적인 분위기를 만들어 주는 것이 구성원들의 창의적인 아이디어 증가에 도움이 된다는 것을 알아냈다.

지속적인 부정적 자극은 구성원들의 업무 능력과 성취에 결정적 장애가 된다. 벼룩은 바닥에서 천장까지 뛸 수 있는 높이뛰기의 대가이다. 벼룩을 잡아다가 병 속에 넣고 뚜껑을 닫았다고 하자. 벼룩은 처음엔 여러 번 뛰어오르지만 반복적으로 병뚜껑과 부딪히면 '뛰어 봐야 소용없어. 계속해 봐야 내 몸뚱이만 아파.' 이런 생각에 결국 높이뛰기를 포기한다. 그리고 다시 병뚜껑을 열어 놓아도 벼룩은 더 이상 높이 뛰지 않는다. 이전 단계의 반복된 부정 경험이 한계를 만든 것이다.

1967년 심리학자 마틴 셀리그만(Martin E. P. Seligman)은 개를 이

용한 자극 실험을 통해 '학습된 무력감'에 대해 이야기했다. 학습된 무력감이란 자신이 충분히 극복할 수 있는 상황임에도 반복되는 부정으로 인해 불가능하다고 여겨 포기하게 되는 것이다. 우리가 흔히 쓰는 부정적인 말들은 자기 자신은 물론 듣는 사람까지 부정적인 암시를 갖게 만든다. 부정적인 암시가 무기력을 키우고 그 상태가 지속되면 결국 부정은 그 사람의 현실이 된다. 이는 인간관계에서 자주 일어나는 현상이다. 부모가 자식에게, 리더가 구성원에게 하는 지속적인 부정의 말들이 학습된 무력감을 키운다. 따라서 리더는 구성원들에게 하는 말 한마디에도 신경을 써서 긍정적인 표현이 되도록 주의해야 한다.

의욕을 올려 주는 긍정의 말투

팀장: 아니, 지금 화요일인데 아직 이것밖에 못 한 거야?
팀원: (울먹이며) 왜 저만 미워하세요?

완벽주의자 또는 결과 중심적인 사람들 중 일이 자신이 정해 놓은 기준에 미치지 못하면 아무것도 하지 못한 것처럼 말하는 사람이 있다. 목표까지 도달하기 위해 들인 시간과 노력은 무시하고 시간을 낭비했다며 부정적인 말을 한다. 그런 부정적인 말은 걱정과 불안을 가중시켜 현재를 즐기기 어렵게 만든다. 리더가 평소에 이런 말을 많이 하면 직원들은 자신의 노력을 인정받지 못한 것으로 여겨 불평불만이 늘어나게 된다. 리더는 자신이 모르는 사이에 나오는 부정적인 말투를 긍정적인 말투로 바꾸는 연습을 해야 한다.

◇ 부정적인 말투와 긍정적인 말투

1. 부정적인 말투

"오늘도 아무것도 한 것 없이 시간이 다 갔네."

"오늘 이 부분까지 완성했어야 했는데 못했어? 시간을 허투루 썼구만."

"벌써 목요일이야? 한 것도 없는데."

"아직도 이것밖에 못했네?"

"아직 멀었어?"

2. 긍정적인 말투

"오늘은 이 정도나 했네."

"이 부분만 더 하면 곧 완성할 수 있겠어. 조금만 힘내."

"오늘도 진짜 고생했어."

"벌써 이만큼 했네."

"지금 잘하고 있어. 조금만 힘내."

리더의 말투가 업무를 진행하는 과정과 시간을 대하는 태도를 만든다. 물론 비즈니스의 세계에서는 성과와 결과를 내야 인정받을 수 있지만 그 결과와 성과는 하루하루의 과정이 쌓여서 이루어지는 것이다. 리더는 결과 못지않게 과정을 긍정적으로 평가함으로써 구성원들의 의욕을 올려 줄 수 있다.

"실패의 원인이 뭐야?" "왜 실적이 이것밖에 안 된 거야?" 회의실에서 들을 수 있는 흔한 말들이다. 조직 사회에서는 '그 일이 왜 이루어지지 못했는가?'에 대한 부정적인 원인을 찾기 위한 회의를 하는 경우가 많다. 그렇게 잘못된 원인만 찾고 회의를 끝내게 되면 직원들은 '실패하는 방법'의 전문가만 된다. "어떻게 하면 성공할 수 있었을까?" "실적이 좋았을 때는 우리는 어떤 방법으로 일을 했었나?" 이렇게 긍정적인 관점으로 질문만 바꿔도 회의실 분위기가 달라진다. 문제보다는 해결책에 중점을 두고 긍정성을 확대하다 보면 직원들은 '성공하는 방법'의 전문가가 될 수 있다.

평소 내가 쓰고 있는 말이 직원의 역량을 떨어뜨리는 말은 아니었는지 되짚어 봐야 한다. 같은 말을 하더라도 긍정적으로 들리는 표현과 부정적으로 들리는 표현이 있다. 예를 들어 '신중하다.'는 긍정적으로 들리는 반면 '깐깐하다.'는 아무래도 부정적으로 들린다. 리더는 무의식중에 사용하는 표현이 부정적 의미로 왜곡되지 않도록 언어

선택에 주의할 필요가 있다.

◇ **부정을 긍정으로 바꾸기**

"철저히 준비하지 않으면 이번 입찰에 통과할 수 없을 거야." (×)

"철저히 준비한다면 이번 입찰에 통과할 수 있을 거야." (○)

"안될 것 같으면 시작하지도 마. 실패하면 사표 쓸 각오해." (×)

"일을 성공하려면 시도해 보고 위험도 감수해야 해. 만약 좀 잘못

되더라도 이참에 하나 배운다고 생각하지 뭐." (○)

　사람의 감정은 전염된다.《감성지능》의 저자인 다니엘 골맨(Daniel

Goleman)은 "인간은 자신의 감정적인 상태를 다른 사람과 나누고자

하는 본성을 지니고 있다."라며 감정의 전염에 대해 언급했다. 특히

나 같은 환경에 속해 있고 친밀한 관계일수록 감정 전이는 빈번히 발

생한다. 심리학자들은 부정적인 감정이 긍정적인 감정보다 전염성이

훨씬 높다고 주장했다. 부정적인 감정은 즐거움이나 재미 등의 긍정

적인 감정보다 생존본능에 더 가까워 민감하게 반응하기 때문이다.

조직 내에서 좋은 소식보다 나쁜 소식이 훨씬 빨리 전파되는 것만 봐

도 알 수 있다.

　리더의 부정적인 말들과 감정은 구성원들에게 생각보다 큰 영향을

미친다. 상대방에 대한 배려가 부족한 리더는 말도 대충 해서 기분을 나쁘게 만드는 경우가 많다. 리더는 구성원들에게 말을 할 때는 상대에게 어떻게 들릴까 한번쯤 생각하고 표현해야 한다. 상대에게 긍정적인 감정을 끌어낼 수 있는 표현이 배려와 존중의 말투이다.

· 요약 ·

리더들은 90년대생들이 창의력과 잠재력을 발휘할 수 있도록 도와야 한다. 긍정적인 조직에서 좋은 아이디어가 샘솟는 법이다. 리더의 생각과 언어가 긍정적일 때 조직의 문화는 가장 빨리 긍정적으로 변할 수 있다. 성과와 결과에 집착하다 보면 나도 모르게 부정적인 언어를 사용하게 된다. 따라서 리더는 긍정적인 관점으로 상황을 바라보려는 노력을 하고 늘 자신이 사용하는 언어를 성찰할 필요가 있다.

· 활용 팁
"김 대리는 고집이 세서 문제야. 그 성격을 고치지 않으면 팀원들과 갈등이 생길 거야." (×)
"김 대리는 자기 소신이 확실한 사람이야. 이 부분만 조금 절충하면 팀원들과 잘 지낼 수 있어." (○)

솔직한 말과 직설적인 말은 다르다

솔직한 표현이 좋은 관계를 만든다

스마트 기기는 우리의 생활 모습을 많이 바꿔 놓았다. 스마트 워크 플레이스, 스마트 홈서비스 등을 통해 일하는 방식이나 여가를 즐기는 방식이 변하고 있다. 이 과정에서 커뮤니케이션 스타일에도 변화도 생겼다. 젊은 세대들은 타인과 직접 대면하여 자신을 노출할 때보다 온라인을 통했을 때 자신의 감정과 생활을 과감하게 보여 준다. 인터넷 속에서는 솔직하고 과감한 발언을 할수록 많은 사람의 관심을 받을 수 있기 때문이다. 세대 간의 차이를 느끼는 이유도 이러한 디지털 환경 변화의 요인이 가장 크다.

이 영향 때문인지 90년대생들은 일상에서도 복잡하게 생각하지 않고 거침없고 직설적인 표현을 하는 경우가 많다. 가끔은 '어떻게 저렇게 생각이 없을 수 있나.' 싶을 정도로 일단 뱉고 보는 실수를 할 때도 있다. 우리는 젊은 세대의 특징을 규정할 때 '솔직하다.'라는 표현을 자주 쓴다. 그러나 과연 '솔직하게 말하는 것'과 '직설적으로 말하는 것'이 같은 의미인지 고민해 봐야 한다. 직설적인 말은 솔직함과는 다르게 배려가 없거나 가시가 있어 남에게 상처를 주기 때문이다.

"왜 이렇게 자주 잊어버려? 머리는 장식으로 달고 다니니?" "스마트폰만 하루 종일 들여다보다 눈멀고 싶니?" "이런 발표 하나 제대로 못하다니. 대학 나온 거 맞아?" 이런 말에는 비판과 편견, 화가 뒤섞여 있다. 화풀이하기 쉬운 대상을 찾아 분노를 푸는 것이다. 이러한 일종의 갑질 행위를 연공서열, 직업의 귀천, 성차별, 노소 차별 등과 같은 위계와 차별적 문화적 경향성 문제로 보는 경우도 있다. 사회학자 김찬호는 무시와 비하와 조롱의 문화가 한국인의 일상을 지배하고 있다는 점에서 한국 사회를 '모멸감의 사회'로 규정한바 있다. 우리는 을인 동시에 갑으로 살아간다. 따라서 갑질과 관련된 우리의 태도에는 변화가 필요하며 상호 존중의 올바른 커뮤니케이션의 정착이 필요하다.

내 감정을 명확하게 전달하기

진정으로 솔직한 사람은 자기 생각과 기대를 명확히 이야기할 줄 아는 사람이다. 그렇다면 감정을 솔직하게 잘 표현하려면 어떻게 해야 할까? 같은 의도를 가지고 표현해도 어떤 말투를 사용하느냐에 따라 뉘앙스가 달라진다.

A: 신입 사원 주제에 이렇게 자꾸 지각을 하다니. 일찍일찍 좀 다녀!

B: 자네가 지각을 너무 자주 하니 맡긴 일에 차질도 생기고 내가 좀 곤란해. 무슨 사정이라도 있는 건가?

A와 같은 말은 'You-Message'라고 해서 '당신(You)'을 주어로 하는 문장이다. 여기에는 말하는 사람의 일방적인 판단과 평가가 들어 있어 상대의 입장에서는 자신을 단정 짓고 비판하고 있다는 부정적인 생각을 갖게 만든다. 이 같은 인상을 줄이려면 B처럼 'I-Message'를 사용해야 한다. 생각과 느낌의 주어를 '당신(You)'에서 '나(I)'로 바꾸고 상대방의 문제가 되는 행동을 구체적으로 말한다. 마지막으로 그 행동이 나에게 미친 영향이나 감정을 솔직하게 표현한다.

이때 주의할 점은 반드시 상대를 평가하거나 비판하지 않는 태도를 유지하는 것이다. 더욱이 '신입 사원 주제에' 같은 잘못된 주어를 사용하지 않도록 조심해야 한다. 평소에 내가 상대방을 폄하하고 있는지 존경하고 있는지 대화 시 주어 사용에서 적나라하게 드러나기 때문이다. 그러므로 주어 사용에 있어서 각별히 유의해야 한다. "여자는 자고로" "남자가 돼 가지고"와 같은 성별이나 "말단 공무원이"와 같은 직업 및 직급에 대한 주어 사용은 더욱 신경을 써야 한다.

'I-Message'는 부정적인 감정을 전달할 때 유용하다. 일단 내가 흥분을 하지 않고 이성적으로 대화를 시도할 수 있도록 돕는다. 그러다 보면 대화가 위협적이지 않게 흘러가고 상대방은 나의 이야기를 조금 더 객관적으로 듣게 된다. 이렇게 감정 정리가 되고 난 후 바람, 요청, 제안, 대안 등 생산적인 대화를 이어 가면 된다.

◇ 'I-Message'와 'You-Message' 1

1. You-Message

"(너는) 발표가 왜 이 모양이야. 핵심이 없잖아!"

"(너는) 어제 왜 나만 쏙 빼고 보고를 한 거냐?

"(당신은) 왜 전화를 안 했어?"

2. I-Message

"이번 발표는 (내가) 기대했던 것에 좀 못 미쳤던 것 같아. 핵심을 더 강조할 필요가 있겠어."

"어제 나만 보고를 받지 못해서 (내가) 너무 난처했어. 다음엔 내 입장도 생각해 줬으면 해. 어떻게 생각해?"

"(나는) 전화를 못 받아서 정말 서운했어. 앞으로 그러지 말아 줬음 해."

손아랫사람을 상대로 하는 대화일수록 'I-Message'를 사용하는 것이 대화를 좀 더 부드럽게 만든다. 나의 감정을 솔직하게 표현하고도 관계가 불편해지는 것을 예방할 수 있기 때문이다. I-Message와 You-Message의 차이가 작은 것 같지만 상대가 받는 느낌은 크게 다르다. 칭찬을 할 때도 역시 'I-Message'를 사용하면 효과적이다.

◇ 'I-Message'와 'You-Message' 2

1. You-Message
"김잘난 씨 프레젠테이션 실력이 좋던데!"

2. I-Message
"김잘난 씨 프레젠테이션 실력에 내가 늘 감탄한다니까!"

칭찬은 누군가를 평가하는 게 아니라 나의 긍정적인 감정을 잘 전달해서 상대에게 용기를 주는 것이다. You-Message의 칭찬은 위에서 내려다보는 시선이기 때문에 평가가 실리지만 I-Message는 자신의 주관적인 감정을 표현하기 때문에 칭찬이 훨씬 효과적이고 풍성한 느낌을 준다.

솔직한 조직을 만들기 위해서는 내가 먼저 솔직해져야 한다. 자신의 감정을 털어놓거나 필요한 것은 요구하고 모르는 것은 모른다고 할 수 있는 용기가 필요하다. 그렇게 내가 솔직해지면 상대방도 솔직하게 다가오게 된다. 말을 어떻게 내뱉느냐에 따라 관계가 좋아질 수도 있고 나빠질 수도 있다. 리더는 상대에 대해 불평하기 전에 자신의 대화 태도나 언어 습관을 늘 점검하고 연마해야 한다.

· 요약 ·

솔직한 표현과 직설적인 표현은 다르다. 직설적인 표현은 상대에게 상처를 줄 수 있지만 솔직한 표현은 서로의 관계를 더 긍정적으로 만들 수 있다. 솔직하기 위해서는 우선 자신의 감정을 잘 읽어야 한다. 그 감정을 분노나 화로 표출한다든지 억누르기만 하는 것이 아니라 잘 조절하는 것이다. 그리고 말이라는 수단으로 자신의 감정을 상대에게 솔직하게 표현한다. 단, 상대방이 나의 의도와는 다르게 받아들이지 않도록 자신의 감정과 기대를 명확하게 전달해야 한다.

· 활용 팁
1. You-Message
"(너는) 어제 모임 있는 거 왜 나한테 얘기 안 했어? 너 나 무시해?"

2. I-Message
"어제 모임 연락을 받지 못해서 (내가) 무시당하는 기분에 너무 섭섭했어. 이거에 대해서 설명 좀 해 줄래?"

롱런하는 관계에는 적당한 거리가 있다

심리적 거리 유지하기

요즘 젊은 세대들에게 혼자 밥을 먹는 '혼밥', 혼자 술을 마시는 '혼술', 혼자 여행을 가는 '혼행'은 더 이상 낯선 단어가 아니다. 남의 눈치나 조직의 규칙에 얽매이기보다 홀로 편안함을 찾으려는 나홀로족이 점점 늘고 있기 때문이다. 나홀로족은 타인이 자기 영역에 침범하는 것을 부담스러워 하며 철저히 경계한다.

젊은 세대들과 대화할 때는 물리적 거리를 지킬 필요가 있다. 친밀한 상대일 경우에는 팔을 뻗으면 손가락 끝이 닿을 정도인 0~50㎝가 친밀 거리이다. 최소한의 사적인 공간으로 연인과 가족이 아닌 사람이 침범하면 긴장감과 공포감을 준다. 즉, 처음 만난 상대가 친밀 거리로 바짝 다가서서 말하면 '언제 봤다고 친한 척이지?'라며 거부 감이 들 수 있다. 직장에서 대화를 하기에 가장 편한 개인적 거리는 50~120cm다. 이처럼 대화 시 적정한 물리적 거리를 지켜야 하듯이 '심리적 거리'도 유지해 주는 것이 필요하다.

직장에는 의외로 타인의 사생활을 아무렇지도 않게 말하는 사람들이나 자신의 사생활을 지나치게 공개하는 사람들이 많다. 모두 심리적 거리를 지키지 않는 경우에 해당한다. 젊은 세대들은 시시콜콜한 이야기를 늘어놓는 'TMI 상사'들을 불편해한다. TMI(Too Much Information)는 '너무 많은 정보'를 축약한 단어다. 원래는 비즈니스 용어로 '간략하게 줄여라.'라는 뜻으로 쓰이는 말이었는데 요새는 굳이 알고 싶지 않은 사실을 과하게 말하는 사람을 비난할 때 쓰이고 있다. 질문을 했는데 질문한 것을 후회하게 만들 정도로 과한 정보를 준다든지, 묻지도 않은 자신의 경험담을 쏟아 내는 경우, 지나치게 자신의 사생활을 공개하는 경우 모두가 젊은 세대들에게는 부담스러운 기성세대의 모습이다.

모 디자인 회사에 다니는 김은영 씨(27)는 TMI 팀장 때문에 요즘 짜증이 난다. 김은영 씨의 팀장은 회사 단체 메신저방에 본인의 사생활을 끊임없이 늘어놓는다. 주말에 방문한 맛집의 음식 사진이라든지 좋은 글귀를 복사해서 꾸준히 올린다. 김은영 씨는 "좋은 걸 공유하고자 하는 마음은 알겠는데 그걸 다른 사람이 들어야 할 의무는 없다."라며 업무상 대화와 수다의 성격을 구분했으면 좋겠다고 하소연했다.

묻지도 않은 자신의 이야기를 늘어놓는 사람도 문제지만 묻지 말아야 할 사생활을 캐묻는 경우는 더 문제가 된다. 관심과 무례는 한 끗 차이다. 나와 친밀하지 않은 사람이 나의 사적인 문제를 함부로 언급하는 것은 무례한 행동이다. 대부분의 사람들은 자신의 사적인 영역을 들추는 대화를 싫어한다. 그러나 우리는 이를 관심이라고 포장하고 있다.

"너는 요새 연봉 얼마나 받냐?" 연봉을 물어보는 건 그 사람의 몸값을 물어보는 것과 마찬가지이다. 상대방은 그냥 궁금해서 물어본 걸 수도 있겠지만 듣는 사람을 불편하게 만드는 질문이다. "나이 생각해서 빨리 애 낳으세요." 말하는 사람은 좋은 의도를 가지고 한 말이지만 '이렇게 해라. 저렇게 해라.'라고 무턱대고 하는 참견은 상대방의 기분을 상하게 한다. 우리는 상대가 자신의 사적인 영역에 대한 이야기를 먼저 언급하기 전까지는 거리를 두고 기다려야 한다.

◇ 직장 내에서 주의해야 할 말투

1. 신체 비하, 외모 품평, 복장 간섭, 사생활을 간섭하는 말

"왜 화장을 안 하고 출근하니?"

"왜 아직도 결혼을 안 했어요?"

2. 약점을 들추거나 타인의 종교, 취향 등에 대한 말

"취향 독특하다?"

"사이비 종교 아냐?"

3. 개인 메신저 프로필에 대한 말

"남친(여친)이랑 놀러 간 거야?"

"프로필 사진 뭐냐? 이상해!"

　　기성세대의 입상에서는 '관심의 표현'이라고 말한다. 그러나 상대방은 관심이 아닌 간섭으로 생각한다. 정부는 2019년 7월부터 갑질과 폭언, 성희롱 등 직장 내 괴롭힘 금지법을 시행했다. 실제 위의 말 중에 모욕죄뿐 아니라 손해배상의 책임이 인정된 판례가 있으니 주의할 필요가 있다.

말의 깊이는 친밀도에 따라 달라진다

서로의 친밀감이 형성되지 않은 상태에서 심리적 거리감을 무시한 채 이루어지는 대화는 문제가 된다. 하버드대학 심리학자 센딜 멀레이너선은 "감정과 관계의 깊이가 정비례하지 않는 상황에서는 과도하게 친밀감을 드러내면 드러낼수록 교류가 불가능해진다."라고 말했다.[19] 멀레이너선은 수년간 진행해 온 인간관계에 대한 연구를 종합하여 자기 노출의 4단계를 제시했다.

◇ 자기 노출의 4단계

1단계: 의례적인 질문

"안녕하세요." "요즘 뭐 재미있는 일 없어요?" "요즘 잘 지내요?"

→ 낯선 사람이나 그다지 친밀하지 않은 사람에 대한 안부 인사 방식. 능동적인 안부 인사를 통해 상대방이 나와 교류를 원하는지를 알 수 있다.

2단계: 기본 정보에 대한 대화

"주말에는 주로 뭘 하나요?" "새로 시작한 일의 반응은 어때

---

19 류리나, 《하버드 100년 전통 말하기 수업》(리드리드출판, 2019)

요?"

→ 일정한 개인 정보를 교환하는 단계다. 요즘에는 무슨 일을 하고, 어떤 취미가 있고, 생활 속에서 어떤 일이 일어났는지 등 배경을 이야기한다. 상대방이 당신과 친해지고 싶다면 서로의 공통점을 발견하고 상대도 자신의 히스토리를 이야기하게 된다.

3단계: 관점, 입장, 태도를 밝히는 것

"만약에 나라면…….""나는 아마도…….""넌 어떻게 생각해?""난 이렇게 해결했을 것 같은데?"

→ 동료나 일반적인 친구 사이에서 자신의 관점, 태도, 가치관을 솔직히 말하는 단계다. 개방적인 태도로 의견을 말하면 상대도 자신의 의견을 나누면서 적극적인 관계가 형성될 수 있다.

4단계: 민감한 화제와 인생의 히스토리를 밝히는 것

"나는 여러 번 실연의 아픔을 겪었어.""말 안 듣는 후배 때문에 고민이야."

→ 친구, 동료, 지인에서 친한 사이가 될 준비를 하는 단계다. 더욱 깊은 개인의 느낌이나 히스토리를 밝히게 된다. 여기에는 일정한 리스크가 따르기도 하지만 자신의 감정과 특정한 개인사를 털어놓음으로써 서로에 대해 더 자세히 알 수 있다.

자기 노출은 차례대로 교류를 거치지 않고서는 바로 상위 단계에 이를 수 없다. 각각의 과정을 겪으면서 서로 교류하고자 하는 열정을 더욱 불러일으켜야 하기 때문이다. 따라서 서로 간의 신뢰와 조화로운 관계가 형성되기 전에 과도하게 사생활을 드러내거나 묻게 되면 상대방은 거부감을 갖는다. 개인주의 성향이 강한 90년대생들은 직장에서 일과 사생활의 경계가 무너졌다며 스트레스를 호소한다. 기성세대들은 이들과 함께 일하면서 많은 부분에서 기준이 바뀌고 있어 혼란스럽다. 인간관계를 너무 멀지도 너무 가깝지도 않게 유지할 수 있는 지혜로운 기술이 필요하다.

· 요약 ·

젊은 세대와 기성세대 간의 심리적 거리의 기준은 다르다. 기성세대는 젊은 세대들과 친해지고 싶은 마음에 개인적인 이야기를 할 수도 있지만, 듣는 사람은 불편할 수도 있다. 또한 심리적 거리감을 무시하고 사생활에 대해 물어보면 자신의 영역을 침해당했다고 여길 수 있다. 기성세대는 '관심 표현'이라고 말하지만 상대방은 '간섭'으로 생각한다. 그러니 친밀감에 따라 노출할 수 있는 화제가 다르다는 것만 알아도 타인에 대한 관심의 방법을 올바르게 바꿀 수 있다.

· **활용 팁**

1. 주의해야 할 말투

신체 비하나 사생활을 간섭하는 말, 약점을 들추거나 취향 등에 대한 말, 개인 메신저 프로필에 대한 말

2. 친밀감에 따라 나눌 수 있는 화제

1단계: 의례적 질문, "요즘 잘 지내요?"

2단계: 기본 정보에 대한 질문, "주말엔 주로 뭘 해요?"

3단계: 관점, 생각을 나누는 주제, "만약에 나라면……."

4단계: 민감한 화제, "요새 진로 때문에 고민이야."

활기찬 일터를 만드는 칭찬의 언어

칭찬이 주는 긍정성

90년대생은 자신이 회사에 필요한 존재인지 늘 궁금해하며 자신이 하는 일이 의미 있고 가치 있는 일인가를 중요하게 여긴다. 일의 의미와 가치는 내적 만족감에 의해 주어지기도 하지만 외부의 칭찬이나 인정에 의해서 주어지는 경우도 많다. 인간이 사회적인 동물인 만큼 조직 안에서 인정받고 싶은 욕구가 있기 때문이다. 그리고 타인에게 칭찬과 인정을 받았을 때 자신의 가치가 증명된다고 생각한다.

전문가들은 이들에게 칭찬이 중요해진 원인을 회복 탄력성의 부족에서 찾는다. 회복 탄력성이란 역경과 실패를 발판 삼아 다시 극복해 내려는 마음의 근력이다. 이 마음의 근력이 강한 사람들은 무슨 일을 당해도 금방 극복하고 긍정적인 정서를 지킨다. 지금의 90년대생들은 회복 탄력성이 많이 떨어진 상태다. 회복 탄력성은 사람과의 부대낌 속에 갈등과 고민을 겪으며 커지는데 지금의 젊은 세대들은 그러한 마음의 근육을 키울 시간이 부족하다.

칭찬은 회복 탄력성을 높이는 데 있어 즉각적인 효과를 발휘한다. 긍정적인 말 한마디는 부정적인 굴레에 빠지는 것을 막아 주고 기쁨을 느끼도록 만든다. 그러나 리더들은 칭찬은 성과를 내거나 좋은 결과가 있을 때만 하는 것이라고 생각한다. 또는 너무 바빠서 혹은 미처 신경 쓰지 못해서 주변 사람에게 칭찬을 해 주지 못하는 경우가 종종 있다. 이처럼 타인의 장점을 발견해 내려면 의식적으로 많은 노력을 기울여야 한다.

'말이 씨가 된다.'라는 속담이 있다. 이는 내 말이 누군가의 가슴에 뿌린 씨가 되어 때가 되면 열매를 거두게 된다는 말이다. 그 열매는 생산적이고 긍정적인 힘을 줄 수 있지만 파괴적인 힘도 줄 수 있다. 이 속담은 로젠탈 효과(Rosenthal Effect)로 자세하게 설명할 수 있다. 로젠탈 효과는 하버드대 심리학과 교수였던 로버트 로젠탈 교수가 발표한 이론으로 성취에 대한 기대감이 클수록 실제로 성공을 할 확률이 높다는 효과를 설명하는 용어다.

로젠탈 교수는 샌프란시스코의 한 초등학교에서 20%의 학생들을 무작위로 뽑아 그 명단을 교사에게 주면서 지능 지수가 아주 높은 학생들이라고 말했다. 학생들의 성적에 대한 선생님의 기대가 어떤 영향을 미치는지 살펴보기 위함이었다. 8개월 후 명단에 오른 학생들은 실제 다른 학생들보다 평균 점수가 높아졌다. 교사의 격려가 학생들의 자신감 상승에 큰 힘이 되었기 때문이다. 실험 결과 관심과 칭찬이 강력한 심리적 요인이 되어 긍정적 결과를 만들어 내는 것을 알 수 있었다.

직장에서 90년대생들이 칭찬을 받는다면 어떤 변화가 일어날까? 첫째, 자신감이 증가할 것이다. 자신의 업무에 확신이 없을 때 칭찬을 받게 되면 마음의 여유가 생겨 자신감이 증가한다. 업무 태도도 적극적으로 변화하며 도전 의식이 상승하는 효과가 있다.

둘째, 좋은 관계를 유지하는 데 도움이 된다. 아무리 서먹하고 어색한 사이라도 간단한 칭찬 한두 마디로 어색함을 해소할 수 있다. 또 상대를 이해하고 친밀한 관계를 형성하는 데 도움을 준다.

셋째, 사기를 진작시켜 업무 효율을 높인다. 원만하지 않은 인간관계로 인해 직장에서 어려움을 느끼는 경우가 많다. 여기서 오는 부정적인 감정의 대부분은 자신이 존중받지 못한다고 느낄 때 일어난다.

그러나 칭찬을 통해 가치를 인정받고 존중받는다고 느끼게 되면 애 사심과 업무 몰입도가 상승하게 된다. 적당한 칭찬은 구성원 간의 좋 은 관계를 만들고 업무의 효율과 사기 진작에도 도움을 준다.

효과적인 칭찬 방법

리더는 신뢰성 있고 효과적인 칭찬을 하기 위해서 올바른 스킬에 집중할 필요가 있다. 칭찬은 시의적절할 때, 구체적일 때, 공정할 때, 진실할 때 그리고 다양할 때 효과적이다.

첫째, 칭찬은 시의적절할 때 효과적이다. 시간이 지난 뒤에 하면 그 효과는 반감된다. 타이밍을 잘 맞추어서 칭찬할 일에 대해서는 망 설이지 말고 바로 칭찬해 준다.

둘째, 칭찬은 구체적일 때 효과적이다. 무조건 '잘했어.'라고 두리 뭉실하게 하면 마음에 잘 와닿지 않는 예의상 하는 말에 지나지 않는 다. "이번 발표에서는 자료 조사를 완벽하게 잘했던데 덕분에 큰 도 움이 됐어."라고 구체적으로 표현해야 한다.

셋째, 칭찬은 공정할 때 효과적이다. 리더가 직원들을 칭찬할 때 특히 주의해야 할 점이다. 유사한 일을 하고도 A라는 사람에게는 과장된 칭찬을 하고 B라는 사람에게는 빈약한 칭찬을 하면 B는 심리적 박탈감과 소외감을 느낄 수 있으며 업무에 대한 의욕이 저하된다. 따라서 칭찬을 할 때에는 공정하게 해서 역효과가 생기지 않도록 주의한다.

넷째, 칭찬은 진실할 때 효과적이다. 마음에서 우러나오는 칭찬은 격려와 위로가 된다. 감정 없이 입에 발린 형식적인 칭찬은 당사자에게 어떤 감흥도 주지 못한다. 작은 일이라도 진정성 있는 칭찬이 효과적이다.

다섯째, 칭찬은 다양하고 반복적일 때 효과적이다. 늘 똑같은 칭찬만 받는다면 칭찬에 대한 기대가 낮아지니 표현을 다양화할 필요가 있다. 칭찬할 때 어떤 말을 해야 할지 모르겠다고 호소하는 리더들이 의외로 많다. 칭찬을 쉽게 할 수 있는 'SAVE 공식'이 있다. SAVE의 뜻은 '구하다'로 '말 한마디가 한 사람의 삶을 구할 수 있다.'라는 의미를 포함하고 있다.

S(Sight)는 보이는 것에 대한 칭찬이다. 이때는 대체로 상대가 자랑스러워할 만한 것에 대해 칭찬한다. 겉으로 잘 드러나는 것에 대한 언급이기 때문에 가장 쉽게 접근할 수 있다. A(Attainment)는 달

성한 것에 대한 칭찬이다. 노력을 통해 얻어 낸 결과물에 대한 칭찬, 업적에 대한 칭찬이 이에 해당된다. 특히 직장인들은 조직 내에서 자신이 달성한 것을 인정받고 싶어 하므로 효과적이다. V(Virtue)는 장점에 대한 칭찬이다. 그 사람의 장점, 성품 등에 대한 것이다. 이 칭찬이 가장 어려운데 상대에 대해 관심을 갖고 지켜본 시간이 없으면 쉽게 할 수 없는 칭찬이기 때문이다. 성과보다 과정과 태도에 집중한 칭찬은 동기 부여로 연결시킬 수 있다. 본인도 모르고 있던 긍정적인 면을 발굴해 빛나게 만들고 힘을 줄 수 있는 칭찬이기 때문이다. E(Evidence)는 근거가 있는 칭찬이다. 내가 하는 칭찬이 듣는 사람에게 아부로 들리지 않기 위해서는 근거가 필요하다. "배려심이 많은 것 같아요."보다는 "늘 일찍 와서 팀원을 위해 사무실 환기를 해 놓는 모습에 배려심이 많은 사람이라고 느꼈다."라고 근거를 들어 칭찬을 한다면 진실성과 신뢰성이 확보된다.

◇ 'SAVE 공식'을 활용한 칭찬

1. Sight(보이는 것)

"노란색 원피스가 너무 잘 어울린다. 덕분에 사무실에 봄이 온 것 같아."

2. Attainment(달성한 것)

"이번 신상품 아이디어 회의에서 1등 했다며? 너무 축하해. 해낼

줄 알았어."

3. Virtue(장점)

"이번에 영업부 실적이 높았던 이유는 자네의 꼼꼼함 덕분이야."

4. Evidence(근거)

"내근 업무에 애로사항이 많을 텐데 불평 없이 묵묵히 노력하는
모습에 항상 고맙게 생각해."

칭찬은 우리의 삶에 심리적인 영양소 역할을 한다. 뿐만 아니라 사
람과의 관계를 부드럽게 해 주는 윤활유 역할을 하기도 한다. 리더가
구성원들을 칭찬하는 데 인색하지 않으면 구성원들도 차츰 칭찬을
감사함으로 받을 줄 알게 된다. 그리고 그 감사함을 타인에게 칭찬으
로 되돌려 줄 때 조직은 보다 활기찬 일터가 된다.

·요약·

적절한 칭찬과 인정의 말은 사람에게 힘을 주고 긍정적인 효과를 준다. 특히 회복 탄력성이 떨어진 90년대생들에게는 관심과 진심을 담은 칭찬이 필요하다. 긍정적인 말 한마디는 부정적인 굴레에 빠지는 것을 막아 주고 기쁨을 느끼도록 만들기 때문이다. 그러나 막상 실천하려고 하면 제대로 칭찬을 할 줄 아는 사람은 드물다. 커뮤니케이션 전문가들은 칭찬도 '말하기 기술' 중 하나라고 얘기한다. 항상 부정적인 마음을 갖고 상대를 바라보면 모든 것은 단점으로 보인다. 하지만 긍정적인 마음으로 상대를 바라보면 장점이 보이기 시작한다. 상대의 장점을 찾아 제대로 칭찬하는 기술을 익혀 적용한다면 좀 더 활기찬 일터를 만들 수 있을 것이다.

· 활용 팁

1. Sight(보이는 것)
"항상 웃는 얼굴이라 옆 사람도 기분이 좋아지는 것 같아."

2. Attainment(달성한 것)
"이번에 입찰에 성공했다면서. 경쟁이 치열했을 텐데 대단해."

3. Virtue(장점)
"일에 대한 추진력이 대단해!"

4. Evidence(근거)
"모두 포기했던 프로젝트를 3개월 만에 마무리 지은 김 대리의 추진력에 감탄했어."

성장을 돕는
말투

몰입을 만드는 'Why'

Why의 중요성

젊은 세대들은 가치 지향적이다. 자신의 일에서 가치와 의미를 발견하고자 한다. 그들에게 일이란 돈을 벌기 위한 수단이기도 하지만 단지 그 이유만으로 움직이지 않는다. 즉, 무엇을(What), 어떻게(How)만큼이나 왜(Why) 하는지가 중요하다. 그러나 우리 조직에서는 '왜?'라는 질문을 아직 낯설게 여긴다. 우선은 질문을 표현하는 방식에도 문제가 있을 것이다. 앞뒤 다 자르고 '왜요?'라고 물으면 상대방의 입장에서는 객기 어린 도전이나 불평으로 받아들이기 쉽다. 수직적인 조직 문화가 강한 곳에서 부하가 이런 질문을 한다면 더욱 그렇다.

회사 내에서 군대식 용어로 '까라면 까.'라는 분위기가 우세했던 시절이 있었다. 사실 아직까지 그런 분위기가 남아 있는 조직도 많다. 과거 빠듯한 시간, 한정된 자원으로 업무를 해야 했던 상황에서는 일을 실행만 하기도 바빴다. 일을 빨리 처리하도록 종용하는 업무 환경에서 'Why'를 생각하거나 질문할 시간도 없었다. 이렇게 신입 사원 시절을 보내고 상사가 되면 결국 'Why'를 모르고 일을 시키는 리더가 된다.

세상을 바꾸는 창의적 결과물이나 남다른 결과물의 대부분은 'Why'에서 시작됐다. 아인슈타인은 "나는 천재가 아니다. 호기심이 많을 뿐이다."라고 말한바 있다. 애플의 스티브 잡스의 혁신 역시 'Why'에서 출발했다. 잡스는 젊었을 때는 창업자의 권위로 부하들에게 자신이 하고 싶은 바를 명령하고 실행시켰다. 그 과정에서 갈등이 많았다. 하지만 애플에 복귀한 뒤로 그는 변했다. 그는 자신이 하려는 것에 대해서 주위 팀에게 열심히 설명하고 이해시켰다. 왜 그렇게 생각하는지, 왜 그렇게 했는지, 그가 어떤 사안에 대해서 왜 특정한 의견을 가지고 있는지 등등을 설명하는 데 시간을 할애했다. 왜 애플이 그토록 성공적인 회사가 됐는지 알 수 있는 부분이다.

우리는 젊은 세대가 질문이 많아졌다는 것을 매우 긍정적으로 받아들여야 한다. 'Why'라는 질문을 하는 사람들은 일에 관심이 있다

는 뜻이다. 분명한 목적을 가지고 일을 하는 사람은 열정적으로 일에
몰입하기 때문에 성취감도 높다.

'왜?'라는 질문에 사람들은 다음과 같이 두 가지 유형으로 답을 한다.

"왜 여행을 가려고 하나요?"

A: 여름 휴가라서요.

B: 재충전을 통해 열심히 일하기 위해서요.

"왜 지금 이 일을 해야 하나요?"

A: 상사가 시켜서요.

B: 이 일이 마무리돼야 다음 업무가 진행될 수 있어서요.

"왜 이렇게 서두르나요?"

A: 회의 시간이 5분밖에 안 남아서요.

B: 지각하면 불성실한 사람으로 보일까 봐요.

A는 주로 이유를 지향하는 답으로 그 행동의 배경이나 상황을 설
명한다. B는 목적을 지향하는 답으로 그 행동의 방향을 제시하며 앞
날이나 미래를 담고 있다. 두 유형의 답변에 정답이 있는 것은 아니
지만 리더는 가급적 목적을 지향하는 'Why'를 생각할 필요가 있다.

무슨 일을 하든 목적이 분명하면 길을 잃지 않는다. 그러나 애초에 'Why'가 모호하면 일을 하는 사람은 우왕좌왕하게 된다. 리더가 방향과 중심을 잡고 일을 시켜야 구성원들의 노력과 시간을 낭비하지 않는다.

안타깝게도 사람들은 이 질문을 제대로 생각하지 않고 일단 실행부터 한다. 'Why'를 생각하는 데 길들여져 있지 않거나 굳이 상기시켜 줄 필요가 없다고 여기기 때문이다. 그러나 남다른 결과를 만드는 사람들은 일을 시작할 때 'Why'에서 출발한다.

1950년대 한국에 주둔했던 미군은 유엔군 묘지 단장 공사에 참여할 회사를 찾고 있었고 여기엔 한 가지 까다로운 조건이 있었다. 묘지에 푸른 잔디를 깔아 달라는 요구였다. 그런데 우리나라의 한겨울 날씨는 너무 추워 푸른 잔디가 자랄 수 없었다. '어떻게 하면 겨울에 잔디를 깔 수 있을까?'를 고민하던 많은 기업들이 고개를 저으며 하나둘 입찰을 포기하기에 이르렀다. 그런데 30대의 한 젊은 사업가가 미군 측에 이런 질문을 했다. "왜 이 한겨울에 푸른 잔디를 깔려고 합니까?" 미군은 아이젠하워 대통령이 곧 방한을 하는데 대통령에게 잘 정돈된 푸른 유엔군 묘지를 보여 주기 위해서라고 설명했다. 젊은 사업가는 "묘지가 푸르기만 하면 되겠네요?"라며 공사를 진행했다. 그는 잔디 대신 겨울에도 잘 자라는 보리 이삭을 수십 트럭 싣고 와 유엔 묘지에 심었다. 잔디 없이도 보리로 묘지를 파릇하게 만들었고 행사는 잘 마무리되었다. 이렇게 'Why' 하나로 큰 결과를 낸 사업가는 정주영 회장이었다. 미군은 그의 추진력과 결단에 만족했고 이후 굵직한 공사들을 모두 현대에 맡겼다.

Why를 찾는 습관 갖기

사람들은 가치 있고 의미 있는 일을 찾아 열심히 하고 싶어 한다. 리더는 구성원들의 역량 향상과 동기 부여를 위해 자주 'Why'를 상기시켜 주어야 한다. 왜 이 일을 하는지를 설득력 있게 설명하기 위해서는 리더가 먼저 그 이유를 알아야 한다. 매사에 'Why'로 질문하는 습관을 일상에 적용하려는 노력이 필요하다. 지금 이 책을 읽고 있는 순간에도 'Why'로 질문하는 연습을 해 볼 수 있다.

'나는 왜 이 책을 읽는가?'

사이먼 사이넥은 저서 《나는 왜 이 일을 하는가?》에서 '왜(Why)'에 집중하라고 강조한다. 사람들은 일반적으로 설득을 할 때 무엇을-어떻게-왜(What-How-Why)의 순서로 말한다. 그러나 그는 왜-

어떻게-무엇을(Why-How-What)의 순서로 해야 한다고 말한다. 왜 (Why)는 그 일을 하는 목적, 동기, 신념에 해당한다. 감성을 지배하는 왜(Why)가 설명되면 논리와 이성을 관장하는 어떻게와 무엇을 (How, What)은 자연히 따라온다.

◇ 왜-어떻게-무엇을(Why-How-What)의 순서로 소통하기

1. Why: 이유, 목적, 비전, 신념

"왜 이 일을 하는가?"

2. How: 방법, 과정, 행동

"어떻게 할 것인가?"

3. What: 결과, 제품, 서비스

"무엇을 하는가?"

예시

교육컨설팅 회사에 다니는 나 팀장에게 어느 날 새 프로그램을 개발하라는 과제가 주어졌다. 중간관리자인 나 팀장은 이 문제를 팀원들에게 잘 설명해야 한다.

나 팀장: 오늘 아침 회의에서 리더십 심화과정을 만들어 오라는
지시가 있었습니다. 각자 생각하는 초안을 만들어 일주일 후 다음
회의 때 발표해 주세요.

팀원: 왜 갑자기 새 프로그램을 만들어야 하나요?

나 팀장: 새 프로그램이 필요해서요. 원장님 지시사항이기도 하고
요. 교육회사에서 과정을 많이 개발해 놓으면 좋은 것 아닌가요?

나 팀장: 2/4분기에 기본 교육을 수료한 교육생에게 심화교육을
제공할 필요가 생겼습니다. (Why) 각자 생각하는 초안을 바탕으
로 일주일 후 회의 때 논의할 수 있기 바랍니다. (How) 그렇게 새
로운 리더십 프로그램을 미리 준비해 놓으려고 합니다. (What)

현업에서 어떤 것을 개발하자고 하면 바로 '어떻게' 개발할지를 고
민한다. 하지만 'Why'부터 고민하면 다양한 해결책인 'How'를 찾을
수 있다. 때로는 기존에 있는 기능을 사용할 수도 있다. 그렇게 선택
된 방법에 따라 가장 적합한 'What'이 결과물이 될 것이다.

사람들은 자신이 이 일을 왜 해야 하는지 근원적인 부분을 궁금해
한다. '벽돌을 3층 높이로 쌓아 주세요.'라는 부탁만 받고 일을 하면

단순한 벽돌쌓기공이 된다. 하지만 '여러분이 지은 이 건물은 여러 사람을 위한 성당으로 사용할 겁니다.'라는 목적(비전)을 알려주면 그 일은 미션이 된다. 두 사람은 같은 일을 하고 있는 것 같지만 전혀 다른 일을 하고 있는 것이다. 구성원들에게 자신이 하는 일이 회사의 비전과 연결되어 있고 가치가 있다고 느껴지게 만들자. 그러면 그들은 자부심을 갖고 더 열정적으로 협조할 것이다.

· 요약 ·

'Why'는 일의 목적이자 이유이다. 일의 목적을 알고 실행하면 우리가 해야 할 일에 더 빠르게 다가가고 열정적으로 몰입할 수 있다. 리더는 구성원들에게 자주 'Why'를 상기시켜 주어야 한다. 그러기 위해서는 리더부터 일의 핵심을 알고 있어야 한다. 일의 목적을 모르는 리더는 마치 방향을 잃은 선장과 같아서 직원들의 시간과 열정을 낭비시킨다. 매사에 'Why'를 생각하는 연습을 하면 더 좋은 길과 효율적인 길을 찾을 수 있다.

· 활용 팁
1. 목적에 집중하는 Why
"왜 지금 이 일을 해야 하나요?"
A: 상사가 시켜서요. (×)
B: 이 일이 마무리돼야 다음 업무가 진행될 수 있어서요. (○)

2. 소통의 방향
Why(왜)-How(어떻게)-What(무엇을)의 순서를 기억하자.

좋은 피드백, 나쁜 피드백

갈등을 부르는 피드백

직장생활을 하면서 리더에게 제때 보고와 연락을 하는 것은 직원의 기본적인 의무다. 마찬가지로 직원에게 올바른 피드백을 제공하는 것 역시 리더의 의무다. 《피드백 이야기》의 저자 리처드 윌리엄스는 "상사가 직원에게 적절한 피드백을 해 주지 못할 때 일에 대한 직원들의 열정은 사라진다."라고 말하며 피드백의 중요성을 강조했다.

인류학자들의 연구에 따르면 개코 원숭이의 부하 원숭이들은 평균 20~30초에 한 번씩 우두머리 원숭이를 쳐다본다고 한다. 자신의 앞

날에 영향을 미칠 수 있는 우두머리 원숭이를 관찰하는 것인데 그의 눈치를 잘 보고 행동해야 살아남을 수 있다는 사실을 본능적으로 알기 때문이다. 인간 사회도 이와 비슷하다. 회사 내에서 구성원들은 자신의 미래에 큰 영향을 미칠 리더를 관찰하고 눈치를 살핀다.

요즘은 많은 리더들이 리더십 교육이나 코칭을 통해 현장에서 노력을 하고 있지만 잘못된 피드백 방법을 활용해 갈등과 소통의 장벽이 생기는 경우를 종종 볼 수 있다. 흔히 피드백의 스타일을 보면 그 리더가 어느 세대인지 알 수 있다.

기성세대들의 피드백은 주로 결과를 통해 이루어지며 '잘했다.' '잘못했다.'를 평가의 기준으로 삼는다. 전형적인 상명하복의 관료적 조직 문화 스타일의 피드백이다. 직장에서 컴퓨터를 다루기 시작하면서부터 공식적 문서 피드백을 주로 활용했는데 문서 피드백은 사후 피드백에 적합하다. X세대부터는 좀 더 솔직하고 즉각적인 피드백을 하기 시작했다. 컴퓨터와 IT기기를 더 익숙하게 활용하는 X세대의 자주적인 성향이 반영된 것이다. 90년대생을 포함한 밀레니얼세대는 디지털세대답게 즉각적이고 빠른 피드백을 추구한다. 꼭 대면 피드백이 아니더라도 여러 메신저를 즉각적인 소통 도구로 활용하길 원한다.

이렇게 다른 특성을 가진 세대가 함께 모인 곳이 조직이다. 그래서 때로는 사소한 말로 상처를 주고받기도 하고 소통의 장벽을 만들기도 한다. 기성세대의 피드백은 주로 명령, 설득, 충고 등 행동을 변화시키는 방법이다. 반면 90년대생들은 자신의 성장을 돕고 지지해 줄 수 있는 피드백을 원한다. 기성세대들의 기존 피드백 방식에 젊은 세대들은 이런 반응을 보인다.

"누가 나를 설득하려고 하면 당연히 방어하려는 본능이 먼저 작동하게 되는 것 아닌가요?" "잔소리도 기분 나쁜데 조언은 더 기분 나빠요. 맞는 말인건 아는데 팩트 폭격을 당하다 보면 그냥 인정하기 싫어서 짜증이 더 나는 거예요." "꼭 지켜야 할 것만 지적하면 안 되나요? 시시콜콜 잔소리를 들으면 '잔소리 번아웃'이 되는 것 같아요. 그냥 같이 일하는 동료로 대접해 주세요."

이런 이야기를 들으면 기성세대는 당혹스럽다. 솔직히 지적할 일이 한두 가지가 아닌데 참고 참다가 나온 한마디를 참견이나 잔소리로 치부하니 억울하다. 이렇게 서로의 소통에 장벽이 생기면 기성세대의 입장에서도 '내가 말을 말자!' '이런 것까지 내가 이야기해야 하나.' 하는 생각에 답답해도 말을 안 하는 경우가 생긴다. 해결점은 좋은 의도를 제대로 전달할 수 있도록 현명한 피드백 화법을 구사하는 것이다.

건설적 피드백

◇ 건설적 피드백: 3단계로 말하기

1. 사실에 대해 구체적으로 말한다.

"국물에 소금을 한 스푼 넣었더니 맛이 짜다."

2. 나의 느낀 점을 솔직하게 말한다.

"국물에 소금을 한 스푼 넣었더니 맛이 짜서 아쉽다."

3. 개선점에 대해 정확하게 말한다.

"국물에 소금을 한 스푼 넣었더니 맛이 짜서 아쉽다. 다음엔 반 스푼만 넣자."

피드백 3단계로 말하기를 사례에 적용하면 다음과 같다.

> 예시

전체 부서 회의에서 김덜렁 사원이 프레젠테이션을 했는데 타사와 성장 비교 자료에서 숫자 오류가 있었다. 숫자를 맞추느라 우왕좌왕하다가 미팅 시간이 길어졌다. 팀장은 이런 상황에서 김덜렁 사원이 자료를 만들 때 숫자만큼은 한 번 더 확인하기를 바란다.

"회의 미팅 보고에서 김덜렁 씨의 프레젠테이션이 있었습니다. 전체적으로 컨셉은 좋았어요. 다만 경쟁사 비교 자료에 오류가 있었지요? 팀원들이 숫자를 확인하느라 회의가 지체되어(사실) 좀 아쉬웠습니다.(느낀 점) 다음에는 김덜렁 씨 프레젠테이션 전에 핵심 자료를 한 번 더 확인해서 그런 상황이 없도록 해 봅시다.(개선점)"

경험과 역량이 부족한 상태의 90년대생들에게 피드백을 할 때는 구체적이고 정확하게 해 주는 것이 중요하다. 그들은 일이 커지기 전에 해 주는 빠른 피드백이 훨씬 효율적이라고 생각한다. LTE급 속도에 익숙한 90년대생에게 2세대나 3세대 수준으로 느린 리더의 피드백은 답답할 뿐이다. 이는 온라인 속에서 한 번의 클릭으로 다양한 사람들과 피드백을 나누는 환경에서 생활한 90년대생들의 특징이다. 실제 많은 리더십 연구자들에 따르면 꾸물거리는 리더보다 의사결정이 빠른 리더가 성과가 높았다. 또한 직원들이 인식하기에도 더 유능해 보이고 카리스마 있게 느낀다고 한다.

주의할 점은 부족한 부분만 지적하기에 앞서 긍정적인 피드백을 찾아 먼저 해 주고 건설적 피드백을 하는 것이 바람직하다. 사람은 누구나 인정의 욕구가 있다. 계속되는 부정적 피드백에는 상처 받기가 쉽고 방어기제가 작동하기 쉽다.

◇ 피드백 시 피해야 할 말투

"왜 맨날 그 모양이야?"

"덜렁거리다가 그거 하나를 못 챙기네."

"이거는 아르바이트생도 할 수 없는 실수인데."

"좀 잘하자. 누구한테 하는 말인지 알지?"

피드백은 상대방을 탓하기 위해 하는 것이 아니다. 서로 건설적인 방향으로 나아가기 위한 소통이다. 일방적이거나 감정적으로 상대를 무시하는 피드백은 삼가고 상대방을 배려하는 공감적 피드백으로 구성원의 성장을 도와 건설적이고 솔직한 피드백 문화를 만들어야 한다.

90년대생들은 리더의 빠르고 정확한 피드백을 원한다. 리더가 먼저 적극적으로 피드백하면서 직원들의 보고를 유도했을 때 조직 내의 커뮤니케이션은 더욱 원활해진다. 사람은 누구나 동등하게 대접받고 수평적인 관계일 때 자신의 의견을 잘 얘기한다. 특히 상대를 무시하거나 일방적인 피드백, 자신의 기분에만 충실한 감정적인 피드백은 삼가야 한다. 서로의 성장과 성숙을 돕는 건설적이고 솔직한 피드백이 상대방을 배려하는 공감적 피드백이며 이는 구성원의 성장을 돕는 자연스러운 문화를 만드는 데 일조한다.

· **활용 팁**

1. 건설적 피드백 3단계로 말하기
- 사실을 구체적으로
- 느낀 점을 솔직하게
- 개선점에 대해 정확하게

2. 예시
"이 보고서는 도움이 되는 자료가 많은 게 장점이네요. 숫자가 많아 한눈에 들어오지 않는 점이(사실) 좀 아쉽군요.(느낀 점) 가독성을 위해 통계자료는 차트로 만들어 보면 어떨까요?(개선점)"

업무 효율을 높이는 맞춤형 지시

말 안 해도 알지? vs 일일이 설명을 해 줘야 알지

A팀장:

"우리 팀이 이번에 업무 개선 발표인 것 알지? 감각 있게 만들어 봐. 무슨 느낌인지 알지? 그럼 수고해."

B 팀장:

"우리 팀이 이번에 업무 개선 발표인 것 알지? 도입 부분은 강하게 치고 들어갈 필요가 있으니까 지난 발표 때 내가 썼던 보고서 찾아서 그걸로 바꿔 넣고, 사례는 2개 정도 추가한 다음에 마무리 부분은 임팩트 있게 끌고 가. 아! 영상을 넣으면 좋겠네."

지시를 받는 팀원의 입장이라면 A와 B 중 어떤 팀장의 지시를 좋아할까? A 팀장의 지시 스타일은 '일은 일단 던지는 것'이라고 생각하는 태도로 업무를 지시하는 방임형 리더다. 이런 지시를 받는 팀원은 주로 '어떻게 해야 할지 모르겠다.' '지시가 아니라 횡포다.'라는 반응이다. "감각 있게 만들어 봐." "무슨 느낌인지 알지?"와 같은 불명확한 지시에 대한 결과물의 질은 기대하지 않는 것이 좋다. 사람은 듣고 싶은 것만 듣고 보고 싶은 것만 보기 때문이다.

　B 팀장의 지시 스타일은 '일은 A부터 Z까지'라는 태도로 업무 지시에 있어 꼼꼼한 리더다. 그러나 팀원들은 '시시콜콜한 것까지 관여한다.' '의욕이 없어진다.'라는 부정적인 반응이다. B 팀장은 이해할 수가 없다. 자신이 신입 사원 시절 불명확한 지시로 힘들어했던 것을 생각해서 최대한 친절하고 자세한 지시를 내리려고 노력했기 때문이다.

　그렇다면 팀장은 팀원들에게 무엇을 어떻게 지시해야 할까? 우선 우리가 함께 일해야 하는 90년대생들을 이해하고 그들에게 맞출 필요가 있다. 예전에 비해 우리의 근무 시간은 짧아졌다. 주 52시간 근무제가 도입되었고 워라밸을 추구하는 90년대생들에게 야근은 달갑지 않은 존재다. 또한 신입의 위치에 있을 90년대생들은 아직 업무 이해 능력이 부족한 상태이다. 이럴 때 '알아서 해 봐.'라고 일을 던져 준다면 그 일은 엉뚱한 방향으로 흘러가거나 제때 마무리되지 못할 위험이 크다. 실제 조직 내 소통에 관한 많은 설문 조사 결과에 의하면 직원들은 업무 지시에 있어 '명확성'을 가장 중요하게 생각한다. 팀장의 애매모호한 지시는 팀원의 입장에서 여러 번 일을 하게 만드는 비효율적인 업무를 초래하기 때문이다.

그렇다면 '명확한 지시'가 뭘까? A부터 Z까지 하나하나 알려 주고 명령하는 것이 아니다. 그것은 오히려 90년대생들이 본능적으로 가지고 있는 자기결정권과 자유의지를 침해한다. '시키는 대로' 하라는 상명 하달식의 업무 지시는 팀원들의 수동적인 행동을 초래해 더 큰 성과를 만들지 못하는 결과를 낳는다. 90년대생들에게는 '명확하지만 자기결정권을 침해하지 않는 지시'가 필요하다.

명확한 지시

누구나 흔히 알 만한 아주 쉬운 노래를 탁자를 두드려 연주해 보자. 연주자는 듣는 사람 누구나 노래의 제목을 알 것이라고 생각한다. 그러나 약 2.5%만이 정답을 맞힐 수 있다고 한다. '내가 아는 것을 상대방도 알고 있을 거야.'라는 생각은 명확한 업무 지시의 장애물이다. 업무 지시를 명확하게 하기 위해서는 다음과 같은 점을 사전에 체크해서 설명해야 한다.

◇ 명확한 업무 지시를 위한 5가지

1. 의미

사람은 자신이 하고 있는 일이 중요하다고 느낄 때 동기가 부여된다. 이 일을 왜 해야 하는지, 어떤 의미가 있는지 꼭 필요한 업무임을 충분히 설명한다.

2. 연관

아무리 중요한 일이라도 그 일이 자신과 관련이 없다면 소극적인 태도로 임하게 된다. 업무 배분에 문제는 없는지 확인하고 담당 직원이 업무의 적임자임을 알린다.

3. 지원

지시한 업무에 대해 리더로서 지원 방법을 알려서 일의 성공에 확신을 준다.

4. 기간

아웃풋 이미지와 완료 시점을 명확하게 지시한다.

5. 성장

자신의 성장과 발전에 도움이 되지 않는 일에는 만족감이 떨어진다. 그 일을 통해 어떤 성취와 혜택을 얻을 수 있는지 설명한다.

예시

"이번 업무 개선 발표는 앞으로 효율적인 업무를 하기 위한 중요한 프로젝트입니다. 그래서 나동기 팀원이 맡아 줬으면 하는데요. (의미) 나동기 팀원 같은 창의적인 사람이 맡아야 좋은 성과를 기대할 수 있기 때문입니다. (연관) 어떤가요? 처음 맡은 업무라 부담은 되겠지만 참고 자료는 최대한 지원해 줄 테니 언제든 이야기해요. (지원) 다음 주 월요일 정도에 초안을 검토할 수 있었으면 좋겠어요. (기간) 이번 일은 나동기 팀원에게 업무를 한눈에 보게 되는 계기가 되고 회사에서 기획 전문가로 성장하는 기회가 될 거라고 생각합니다. (성장)"

자율권을 주는 지시

직원들이 싫어하는 리더 유형 중 하나는 일방적으로 자기 의견만 강요하는 리더이다. 한편으로 리더의 입장에서는 본인의 충분한 경험을 바탕으로 충고했는데 따르지 않는 직원들의 태도가 답답하다. 이런 상황을 방지하기 위해서는 리더의 충고가 강요로 들리지 않고 좋은 의도로 잘 전달될 수 있게 해야 한다. 이때는 명령보다는 자율성을 최대한 존중해 주는 제안의 말투를 사용하면 도움이 된다. 구성원이 스스로 판단을 내렸다고 느끼게 되면 강요받았다는 인상을 덜어 낼 수 있다. 또 남의 일을 해 주는 사람에서 내 일을 하는 사람으로 업무 태도가 바뀔 수 있다. 이것은 자기 생각만 옳다는 편견을 넘어 모두의 아이디어에 가치가 있다고 느낄 때 가능하다.

"업무 분석을 이 정도로 하면 충분할까?"

"여기 대안에서 좀 더 좋은 방법은 없을까?"

"~는 어떻게 생각해? ~하는 게 낫지 않겠어?"

"이 방법은 어떨까? 어떤 게 나을까?"

어차피 주어진 일은 누군가는 하게 되어 있다. 더 중요한 것은 그 일을 어떻게 하느냐에 달려 있다. 리더는 구성원들이 어떤 마음으로 일할 것인지를 만들어 주는 사람이다. 시키는 일만 억지로 해내는 로봇보다는 나와 협력해서 시너지를 내는 파트너를 만들어야 한다. 직원의 입장에서 리더의 지시가 불합리하다고 생각하게 되는 경우는 많은 시간 일하면서 성과는 낮을 때이다. 그 이유가 리더의 불분명하고 동기를 부여하지 못하는 잘못된 지시에 있어서는 안 된다. 리더가 명확하고 자율권을 주는 업무 지시를 하지 않는다면 직원들의 보고는 만족스러울 수 없다.

·요약·

리더는 명확한 업무 방향을 먼저 정하고 그에 따른 업무 지시를 내려야 한다. 더 나아가 구성원들에게 자율권을 부여하고 전체적인 전략을 세우는 것은 유능한 리더의 역할이자 조건 중 하나이다. 업무 지시가 명확하지 않으면 업무가 비효율적으로 흐르게 되고 자기결정권이 없는 명령형 지시는 구성원들로 하여금 더 좋은 성과를 내기 어렵게 만든다. 구성원들이 같은 일을 어떻게 더 잘해 내느냐는 리더의 역량에 달려 있다.

·활용 팁

1. 명확한 업무 지시를 위한 5가지
의미, 연관, 지원, 기간, 성장

2. 자율권을 주는 지시
"시키는 대로 해." "이 방법대로 해." (×)
"어떻게 생각해?" "더 좋은 방법은 없을까?" (○)

질문으로 문제 해결을 돕는다

　신입 사원 때는 일에 대한 열정과 의욕은 높지만 능력과 역량은 낮은 시기다. 따라서 주어진 업무에 대한 실행이 느리고 실수도 잦다. 90년대생들은 주로 회사에서 이 위치에 있다. 이때 리더는 구성원의 성숙도를 파악하여 상황에 맞는 리더십을 발휘해야 한다. 리더십의 종류에 따라 구성원의 성장을 도울 수도 혼란스럽게 할 수도 있기 때문이다. 특히 업무 이해도와 역량 부족으로 인한 실수 발생 시 함께 문제를 해결하는 지혜로운 방법이 필요하다.

마녀사냥식 질문

중세 유럽 사회에서는 '마녀사냥'이라는 행위가 있었다. 이 당시 유럽 사회는 종교개혁이 시작되면서 매우 불안정했는데, 기득권 계층은 사회적 혼란을 쇄신할 필요가 있다고 판단했고 혼란의 원인을 차단하고자 마녀사냥을 벌이며 사회 통합을 도모했다. 일단 마녀라는 혐의를 뒤집어쓰면 죽기 전에는 빠져나올 방법이 없었다. 이런 마녀사냥은 현대에도 존재한다.

현대 사회에서도 다수를 이룬 하나의 집단이 특정 소수를 공격하는 행위로 마녀사냥이 나타난다. 특히 인터넷의 발달로 집단이 개인에게 악플을 다는 '인격 살인' 등이 문제가 되고 있다. 조직에서는 어떤 일이 실패했을 때 서로 책임을 떠넘기기 위해 사냥할 마녀를 찾는다. 이때 등장하는 질문이 '5 Whos'다. '그거 누구 책임이야?'라는 식의 질문을 다섯 번만 하면 마녀를 찾아낼 수 있으며 모든 실패의 원인이 그 사람에게 돌아간다. 마녀로 지목된 사람은 억울하다고 하소연하지만 소용이 없다.

업무에 있어서 책임 소재를 분명히 해 두는 것은 중요하다. 직원이 실수를 저질렀다면 리더는 당연히 그 이유를 물어야 한다. 하지만 책임을 회피하거나 희생양을 찾기 위한 트집으로 변질돼서는 안 된다.

마녀사냥식 질문의 대표적인 유형은 다음과 같다.

"그건 누구 책임이야?"

"담당자 누구야?"

"그 일이 왜 안됐어?"

"누가 제대로 못하고 있는 거야?"

"왜 더 빨리 얘기 안 했어?"

문제는 의외로 많은 리더들이 이런 유형의 질문을 사용한다는 것이다. 마녀사냥식 질문은 직원들의 심적 부담을 일으켜 문제를 더욱 감추게 만든다. 질문을 하면 할수록 책임을 지지 않기 위해 변명을 한다든지 숨기기에 급급해진다. 《거짓말의 딜레마》의 저자이자 심리학자인 클라우디아 마이어에 의하면 사람은 누구나 하루 평균 무려 200번, 또는 10분의 대화에서 대략 2번의 거짓말을 한다고 한다. 마녀사냥식 질문을 일삼는 리더 밑에서 일하는 직원들은 이보다 훨씬 많이 거짓말을 할 것이다.

사람은 누구나 실수를 저지르는데 실수보다 어려운 것은 이를 인정하는 것이다. 인정보다 합리화나 정당화시키는 것이 더 쉽기 때문이다. 이 같은 일이 반복되면 리더가 직원들의 말을 의심하게 되는 악순환이 이어져 나중에 큰 문제를 야기한다. 리더는 비난과 책임을 추궁하기보다는 그 일을 잘 해결하고 다시는 재발하지 않도록 만들어야 한다.

문제 해결을 돕는 질문

누구나 한번쯤 새로운 운동 배우기에 도전해 본 경험이 있을 것이다. 운동 실력을 향상시키기 위해서는 개인의 노력이 필수지만 지도력이 좋은 코치를 만나는 것도 중요하다. 예를 들어 골프 코치에게 자세 교정을 받는다고 가정해 보자. 첫 번째로 코치는 평소처럼 공을 쳐 보라고 한 후 내 모습을 자세히 관찰할 것이다. 두 번째로 발의 위치, 허리의 각도 등 잘못된 원인을 알려 줄 것이다. 세 번째로는 '오른발 안쪽 날에 힘을 줘 체중을 버텨라.' 등 문제에 대한 해결 방법을 알려 줄 것이다.

이와 마찬가지로 리더는 문제에 대한 비난과 추궁 대신 먼저 상황을 파악하고 일이 발생한 이유와 원인을 찾아 해결에 초점을 맞춘 코칭을 해야 한다. 그러면 직원들은 책임을 추궁당한다는 불안감 없이 문제 해결에 집중할 수 있게 된다. 다음은 MIT 대학의 에드거 쉐인

교수가 제안한 질문의 세 유형을 활용한 문제 해결 질문이다.[20]

◇ 문제 해결 질문

1. 상황 파악 질문: 그 문제와 관련된 상황을 충분히 파악하기 위한 질문

"언제부터 일이 틀어지기 시작했습니까?" "그때 상황을 자세히 설명해 주겠습니까?" "그 일이 어떻게 돌아가고 있습니까?" "현재 어떤 상황입니까?" "이전에는 어땠습니까?"

2. 진단 질문: 상대방이 그 상황에서 어떤 행동을 했는지 파악하고 원인을 진단하기 위한 질문

"그것에 대해 당신은(다른 사람들은) 어떻게 느꼈습니까?" "당신은(다른 사람들은) 왜 그런 행동을 했습니까?" "그 일의 원인이 무엇이라고 생각합니까?" "무엇을 했어야 했습니까?" "어떻게 했으면 성공했겠습니까?"

3. 해결안 질문: 자신이 생각하는 해결안을 제시하거나 상대방이 가진 해결안 질문

"어떤 방법을 생각해 보셨습니까?" "이런 방법으로 해 보지 않

---

20 이태복·최수연, 《질문 파워》(패러다임, 2011)

겠습니까?" "다른 방법을 생각해 보셨습니까?" "올바른 가치를 내세우고 있는 일입니까?" "앞으로 어떻게 하면 좋을까요?"

이때 주의할 점은 이 질문의 단계를 순서대로 지켜야 한다는 것이다. 대부분의 사람들은 문제가 생기면 곧바로 해결안 질문으로 넘어가서 답을 찾으려 한다. 대체적으로 우리가 가진 문제는 복합적이며 표면적으로 드러나지 않는 근본 원인을 가지기 때문에 제대로 된 진단을 해야 효과적인 치료법이 나올 수 있다. 때로는 이 모든 과정을 위해 큰 인내심이 필요하기도 하다.

90년대생 직원을 두고 있다면 그들의 발달단계를 고려할 필요가 있다. 그들은 아직 업무 수행 능력이 부족하다. 직원이 실수를 저질렀거나 문제가 발생되면 '왜 그랬어?'라고 따져 묻고 싶어질 것이다. 하지만 그럴 때일수록 냉정하게 대처해야 한다. 실수 처리에 관한 좋은 방법을 이야기하고 앞으로 어떤 방법으로 업무를 완수할 수 있는지에 대한 계획을 세워 주는 것이다. 그렇게 하나하나 짚어 줘야 그들은 똑같은 실수나 실패를 반복하지 않게 된다.

직원이 실수를 했다면 당연히 질책도 해야 하고 책임도 물어야 한다. 그러나 열심히 일했던 직원을 추궁한다고 해서 문제가 해결되지는 않는다. 가장 의기소침해 있을 사람은 실수를 저지른 당사자다. 그럴 때는 빠르게 문제의 원인과 대책을 찾아 해결할 수 있는 질문을 하고 다음에는 똑같은 실수 없이 업무를 잘할 수 있도록 계획을 세워 주는 것이 직원의 성장을 돕는 리더의 역할이다.

· 활용 팁

1. 문제 해결 시 피해야 할 추궁의 질문

"누구 책임이야?" "누가 제대로 못하고 있는 거야?" "왜 빨리 얘기 안 했어?"

2. 문제 해결을 위한 질문

"현재의 상황은?(상황)" "무엇을 했어야 했는가?(진단)" "앞으로 어떻게 하면 좋을까?(해결안)"

진심을 담은 질책이 동기 부여를 일으킨다

칭찬보다 어려운 질책

잘못을 질책하는 일은 칭찬하는 것보다 훨씬 더 어렵다. 직원을 생각하는 마음에서 따끔하게 질책하는 것임에도 상대가 그것을 이해하지 못하기 때문이다. 특히 질책하는 방법에 문제가 있는 경우에는 반발심만 초래하고 사기를 떨어뜨리게 된다.

90년대생들은 야단과 질책에 민감하다. 리더의 야단이 부당하거나 과도하다고 생각되면 바로 이를 문제 삼기도 한다. 기성세대들은 선생님의 체벌을 '사랑의 매'라고 스스로 긍정화하면서 자랐지만 90년대생들에게는 '인격권'을 무시한 절대 용인될 수 없는 부분이다. 수업

중 교사의 폭언을 녹음해 고발하고, 직장인들의 익명 소통 앱 '블라인드'에는 상사에 대한 한풀이가 매일같이 올라온다. 한두 자녀로 자란 90년대생들이 금지옥엽 대우받고 자라다 보니 자존감이 강하다. 칭찬에는 익숙한 반면 야단에는 낯설어 한다. 한번 혼내면 불만스런 감정이 얼굴에 적나라하게 드러나고 쉽게 의기소침해진다.

이렇게 예민하게 반응하기 때문에 많은 리더들이 이들을 야단치기 힘들다고 말한다. 그러나 그 실수를 어떻게 처리해 주느냐는 리더의 역량이기도 하다. 질책 방법에 있어서는 말투가 중요하다. 직원의 실수를 야단치는 목적이 비난에 있어서는 안 된다. 비난하기 위해 혼을 내는 것이 아니라 문제 해결을 위한 접근 방식을 취해야 한다.

질책의 기술

"왜 그런 실수를 한 거지?" 상대의 실수에 '왜?'로 묻는 질문은 꾸지람 말고는 아무런 기능을 하지 못한다. 'Why'로 물어봤기 때문에 대답은 'Because'인 변명밖에 나올 게 없다. 스스로를 정당화시키는 말로 자신을 지키려 한다. 이런 변명을 들으면 리더는 화가 나서 더욱 큰소리를 내게 되고 이 악순환 속에서는 상호 불신만 커진다.

단점을 지적하는 질문에는 발전이 없다. 현재의 문제를 분석하는 데 드는 시간보다 미래의 대처 방안을 생각할 수 있는 시간을 늘려야 한다. 이렇게 하면 상대는 혼난다는 생각보다 건설적인 커뮤니케이션을 하고 있다고 느끼게 된다.

◇ 추궁의 Why 대신에 How로 질문한다

1. 추궁만 하는 '왜(Why)'의 대화

"왜 빨리 보고하지 않았어?" "왜 그런 실수를 한 거지?" "왜 마감일을 맞추지 못했나?"

2. 바라는 모습을 제시하는 '어떻게(How)'의 대화

"일찍 보고했더라면 어떻게 됐을까?" "어떻게 하면 그런 실수를 줄일 수 있을까?" "어떻게 하면 마감일을 맞출 수 있었을 거라고 생각하나?" "이렇게 하면 좋은데, 다른 방법도 찾아보자."

적절한 충고는 상대를 발전하게 만들지만 과한 충고는 저주를 내리는 것과 같다. "그런 식으로 살다가는 곧 망할 거야." "넌 그래서 안 되는 거야."라는 말을 들은 상대의 마음에는 분노만 생긴다. 부정적인 말을 듣게 되면 부정적인 결과만 예측하는 것에 그치므로 문제 해결에는 도움이 되지 않는다. 사람은 감정의 동물이다. 마음의 문을 열지 않고는 그 어떤 이성적인 말도 받아들이지 않는다. '안 된다.'라는 말보다는 '이렇게 하면 좋겠어.'라고 말투를 바꾸면 쉽게 납득이 되고 구체적인 행동으로 이어진다.

◇ 공격과 비난 대신 부드러운 요청으로

1. 비난, 방어, 경멸, 담쌓기의 말

"도대체 당신은 어떻게 된 사람이……." "당신은 언제나(한번도, 결코, 항상, 절대로)……."

2. 부드럽게 요청하는 말

"~하면 좋겠어." "~하지 말았으면 좋겠어."

어떻게 질책할 것이냐도 중요하지만 질책 후의 행동도 중요하다. 야단만 치고 끝낸다면 관계에 지장을 줄 수 있다. 야단친 직원을 피하거나 마음에 적대감을 품고 있어도 안 된다. 물론 리더도 사람이기 때문에 껄끄러운 상황에서 말을 건네기가 쉽지 않을 것이다. 하지만 사소한 용건이라도 만들어서 뒤끝이 남지 않도록 분위기를 전환시킬 기회를 만들어야 한다. 또 그가 질책을 받았던 점을 개선했다면 이때도 반드시 그에 맞는 칭찬의 피드백을 해 주어야 한다.

사람은 누구나 실수를 하고 그 과정 속에서 배움이 일어나는데 그러기 위해서는 옆에서 지켜봐 주는 리더의 올바른 조언이 필요하다.

리더의 질책은 구성원의 성장에 도움을 주기 위한 것이어야 한다. 말 한마디 한마디에 감정을 싣지 않고 객관적인 사실만을 가지고 전달해야 한다. 사실 질책도 기대감을 갖게 만드는 사람에게 할 수 있는 것이다. 그런 리더의 진심이 잘 전달된다면 구성원의 입장에서도 리더의 기대에 부응하고자 더 힘을 내어 개선의 의지를 보이게 될 것이다.

· 요약 ·

구성원을 성장시키기 위한 질책이어도 전달 방법에 문제가 있으면 역효과를 초래할 수 있다. 따라서 리더는 상대를 비난하지 않도록 주의하며 좋은 방향으로 이끄는 접근법을 사용해야 한다. 질책을 하고 난 후에는 구성원의 마음도 살펴야 한다. 상대에 대한 기대치가 큰 마음에서 우러나온 행동이라는 진심을 잘 전달해서 관계와 문제의 개선을 동시에 이룰 수 있도록 한다.

· 활용 팁

1. 비난의 말투 'Why'
"왜 마감일을 맞추지 못했나?" "그렇게 두서없이 일하다가는 일을 망칠 거야." (×)

2. 부드러운 요청의 말투 'How'
"어떻게 하면 마감일을 맞출 수 있었을까?" "일을 계획에 맞춰 차근차근 진행하면 더 좋을 것 같아." (○)

밀레니얼을 성장시키는 코칭 방법

잠재력을 이끌어 내는 리더

리더십 전문가인 존 맥스웰은 리더들이 본인들이 가진 권위를 다른 사람들의 역량을 성장시키는 데 사용할 때 더 위대해진다고 말했다. 사람이야말로 가장 커다란 잠재력을 갖고 있기 때문이다. 리더는 최고의 조직을 만들기 위해 구성원들을 긍정적으로 변화시키는 데 집중해야 한다. 그렇게 하면 구성원들은 리더에게 받은 도움을 고마워하며 리더를 따르게 되고 이런 관계는 평생을 가기도 한다.

현재 조직 리더들의 가장 큰 숙제는 어떻게 90년대생들의 역량을 성장시켜 성과로 연결해야 하는가이다. 회사에 대한 이들의 인식은 과거와 많이 다르다. 이들은 회사에 충성을 해야 할 이유가 있냐고 반문하는 세대이다. 조직에 남아 있어야 할 이유를 모르면 언제든 떠날 준비를 하는 90년대생들의 성과를 끌어내기 위해서는 회사의 성장보다는 개인의 성장에 초점을 맞추는 것이 필요하다. 자신의 발전이 곧 조직의 성과에 기여하게 된다는 것을 느끼게 도와주어야 한다.

사람은 현재보다 조금 더 높은 목표를 가졌을 때 자신의 잠재력을 발휘한다. 리더는 구성원들과의 의사소통을 통해서 개인이 삶에서 소중하게 여기는 것이 무엇인지 알고 좀 더 높은 목표를 설정할 수 있도록 만들어야 한다. 그것이 이들이 가진 역량을 잘 끌어내는 방법이다. 리더는 코칭을 통해서 이를 도울 수 있다.

GROW 대화 모델

코칭이란 답을 알려 주는 것이 아니라 질문을 통해서 스스로 답을 찾고 깨닫도록 돕는 것이다. 즉, 자신의 임무를 스스로 완수하고 해결할 수 있는 능력을 키워 주는 과정이다. 90년대생은 인터넷의 발달과 높은 교육 혜택으로 인해 과거 어느 세대보다 가장 스마트한 세대로 불린다. 그들은 훨씬 더 좋은 답과 아이디어를 가지고 있는데 리더의 좋은 질문이 그런 잠재력을 끌어낼 수 있고 스스로 생각할 수 있는 힘을 길러 줄 수 있다.

리더들이 가장 막막해하는 부분이 코칭을 시작할 때 어떤 질문을 하느냐 하는 것이다. 이때는 맥스 랜드버그가 《코칭의 도》에서 소개한 'GROW' 대화 모델을 사용하면 도움이 된다. GROW 대화 모델은 코칭 프로세스 중 가장 일반적인 형태로 각 단계의 예시 질문들을 순서에 따라 사용할 수 있다.

◇ GROW 대화 모델

1. Goal(목표 설정): 목표를 정하기 위한 단계

코칭의 방향과 목표를 명확히 하는 과정이다. 편안한 분위기를 만들기 위해 가벼운 이야기로 시작한다. 리더와 팀원이 코칭 이슈에 대해 논의한다.

"오늘 무엇에 대하여 이야기하고 싶은가?" "원하는 상태는 무엇인가?" "이것을 이룬다면 무엇이 달라지겠는가?" "이 결과는 당신에게 어떤 의미가 있는가?"

2. Reality(현상 파악): 현상 파악을 위한 단계

목표를 위해 어떤 노력을 했는지 점검한다. 목표와 현실 간의 거리감을 확인한다. 과거의 사례를 들어 본다.

"이 문제가 일어나는 이유가 무엇인가?" "현재는 일이 어떻게 되어 가고 있는가?" "이를 해결하기 위해 지금까지 어떤 노력을 해 왔나?" "부럽거나 따라 하고 싶은 사례는 어떤 것이 있나?" "그것을 하는 데 방해 요소는 무엇인가?"

3. Options(대안 탐색): 대안 탐색을 위한 단계

목표를 향해 나아가기 위한 다양한 아이디어와 대안을 모색하면 분명한 행동지침을 갖게 된다.

"가장 먼저 할 일이 뭐라고 생각하는가?" "이를 바꾸기 위해 무엇을 할 수 있을까?" "그럼에도 불구하고 대안을 찾아본다면?" "혹시 목표를 위해 멈춰야 하는 일은 없을까?"

4. Will(실천 의지): 실천 의지 확인하기

목표와 관련된 행동을 할 수 있는 실행의지를 다진다. 스스로 마무리하도록 지지한다.

"위 대안 중 당장 실행할 한 가지가 있다면?" "오늘 대화에서 도움이 된 것은?" "무엇부터 하겠는가?" "언제부터 어떻게 해 보겠는가?" "내가 도와줄 게 있을까?"

이 순서대로 구성원에게 각 단계에 맞는 질문을 하면서 단기적인 목표를 설정하고 실행에 옮길 수 있도록 돕는다.

코칭을 진행할 때 가장 중요한 것은 분위기다. 리더가 위협적인 멘토로 면담을 요청하면 긍정적이거나 적극적으로 소통이 이루어지기 어렵다. 코칭을 도입하기 전에 먼저 편안한 관계를 만드는 것이 중요하다. "요즘 어떻게 지내? 혹시 특별한 일이 있었어?" "시간 되면 잠깐 커피 한잔하면서 이야기할 수 있을까?" 이렇게 허락을 구하는 표현이나 가벼운 이야기를 사용한다. 코칭의 성공 여부는 서로의 관계가 원만한 데 있기 때문이다.

리더는 성과에 대한 압박이나 다른 여러 가지 이유로 직원의 말을 경청해 줄 여유가 부족한 게 사실이다. 그러나 구성원들의 잠재력을 잘 이끌어 내기 위해서는 그들의 업무와 상황을 잘 이해하고 경청하려는 노력이 필요하다. 코칭 리더십을 발휘하는 수단은 결국은 대화이기 때문이다. 리더는 호의를 가지고 가슴과 마음을 통해서 구성원들과 교류하며 신뢰를 쌓아야 한다.

코칭을 통해 성장을 이룬 직원들은 스스로 조직의 성과에 공헌하고 있다고 느끼게 된다. 또한 자신의 의견과 경험이 존중받고 있다고 느낄 때 더욱 몰입하여 조직의 성과를 높이게 된다. 구성원의 참여를 유도하고 내적인 힘을 이끌어 내는 것은 리더의 중요한 역량 중 하나이다.

· 요약 ·

리더들은 어떻게 하면 90년대생이 기성세대와 소통하면서 조직의 성과에 기여하게 할 것인가에 대한 고민이 많다. 이들의 잠재력을 끌어낼 수 있는 가장 좋은 방법은 구조화된 코칭 모델을 적극 활용하는 것이다. 대화에 앞서 편안한 관계를 유지하고 질문과 경청의 균형을 맞춰서 코칭을 진행한다면 그들의 성장과 변화에 도움을 줄 수 있다. 조직에서 가장 훌륭한 리더는 다른 사람을 리더로 키우는 데 자신의 시간과 에너지를 투자하는 리더다.

· **활용 팁**
1. GROW 코칭 모델
- Goal(목표 설정)
- Reality(현상 파악)
- Options(대안 탐색)
- Will(실천 의지)

존중을 담은
말투

상대의 의견을 존중하면 대화가 풀린다

90년대생들은 직장에서 언제 존중받고 있다고 느낄까? 바로 자신의 반대 의견이나 거절 의사도 수용된다고 느낄 때이다. 그들은 자신이 소중한 존재이고 스스로 유능하다고 믿는 긍정적인 인식을 갖고 있다. 따라서 그들은 획일적인 것을 따르기보다는 자기만의 생각, 가치, 감정 등 고유 영역이 존중받기를 원한다. 소통에 있어서도 리더의 생각과 지시를 그대로 전하는 일방적인 의사 전달보다 이해와 공감을 바탕으로 하는 '상호 존중의 대화'를 선호한다.

Yes and 대화법

"역시 회식은 삼겹살이지."
"아니지. 요즘 사람들은 깔끔한 횟집을 더 좋아해."

자기주장이 강한 사람들끼리 회식 장소를 정한다면 아마 이런 대화가 오갈 것이다. 이들은 상대방과 대화를 시작할 때 우선 나와 의견이 비슷한지부터 파악한다. 의견이 다르다고 판단되면 상대방을 통제해서 자신의 뜻에 맞추려는 경향을 보인다. 이런 대화 방식은 'No because'라는 틀을 가지고 있다. 먼저 아니라고 부정한 다음에 자신의 의견을 덧붙이는 방식이다. 이는 대화의 단절을 불러온다. '거절당했다.'라는 느낌에 상대방은 더 이상 대화할 필요성을 느끼지 못하기 때문이다. 그렇다고 매번 동의만 해 주면 상대를 설득할 수 없다.

"역시 회식은 삼겹살이지."
"맞아. 삼겹살은 다 좋아하지. 그런데 옷에 냄새 밸 것 생각하면 깔끔한 횟집도 괜찮은 것 같아."

이를 'Yes and 대화법'이라고 한다. 우선 상대방의 의견이 가진 긍정적인 면을 가볍게 인정한다. 그리고 그 의견의 부정적인 면이나 단점을 지적하면서 자신의 의견을 내세운다. 이 대화법은 타인의 주장을 인정해 주면서 내 주장이 더 타당하다는 것을 강조할 수 있기 때문에 듣는 사람의 입장에서 '그럴 수도 있겠구나.' '내 의견도 존중되었구나.' 하고 느끼게 된다. 이는 더욱 활발한 의견이 오가는 데 도움을 줄 수 있고 타협점을 쉽게 찾을 수 있는 효과를 준다.

◇ 'No because'와 'Yes and' 대화법

1. 'No because' 대화법의 예

A: 과장님. 이번 워크샵은 외부 리조트를 빌려서 하는 게 어떨까요?

B: 안 돼. 작년에 비용이 너무 많이 나왔잖아. 요새 회사 사정 몰라?

영업팀: A거래처에서 제품이 급하다는데 마감일 좀 당겨 봐.

생산팀: 안 돼. 시간이 너무 촉박해.

영업팀: 안 하면 어떻게 할 건데? 방법 있어?

2. 'Yes and' 대화법의 예

A: 과장님, 이번 워크샵은 외부 리조트를 빌려서 하는 게 어떨까요?

B: 그것도 좋은 생각이야. 그런데 요새 회사 사정이 좋지 않아서 말이야. 예산을 고려해서 내외부 모두 고려해 보자고.

영업팀: A거래처에서 제품이 급하다는데 마감일 좀 당겨 봐.

생산팀: 검토해 봐야지. 그런데 시간이 촉박해서 초과 근무를 하

지 않으면 불가능해.

영업팀: 무리가 되는 건 알지. 그런데 A사의 요청을 거부하는 건
회사 이미지와도 관련이 있어서 적극 검토를 부탁해.

Yes and 대화법은 사용자의 직책에 따라 다른 의미로 받아들여지기도 한다. 즉, 중요한 의사결정권을 가진 사람이 이 말을 자주 쓰면 오히려 다양한 의견을 저해할 수 있다. "주 52시간 근무제 취지는 참 좋은데 우리 회사 실정하고는 잘 안 맞는 것 같아." "이번에 신제품 보고서는 분석이 잘 되어 있지만 이 시점에서 적용하기는 필요성이 적어." 상사가 이렇게 표현하는데 자신의 아이디어를 내놓을 직원은 없을 것이다.

우선 공감하고 지지해 준다

리더들은 종종 업무 상담이나 인생 상담을 요청 받기도 하는데 이럴 때 Yes and 대화법을 활용하면 좋다. 직원이 상담을 요청해 오면 대부분의 리더들은 그들에게 힘이 되어 주고 싶어 한다. 하지만 대부분의 리더들은 해결 의욕만 가득한 나머지 자신의 의견을 섣불리 제시하는 경우가 많다. 심지어 꾸지람이나 질책을 하는 경우도 있다.

그렇게 되면 직원들의 사기는 땅에 떨어지게 되고 충분히 고민을 털어놓지 못하게 된다. 상담 시에는 최초 대응법이 중요한데, 이때는 상대방의 고민에 대한 공감과 의견에 대한 지지를 우선시해야 한다.

예를 들어 '돈이 모이지 않아 고민'이라는 직원과 상담을 한다고 가정해 보자. 리더들에게는 일종의 통제 본능이 있다. 그래서 보통은 "그런 문제라면 이렇게 해야지."와 같은 충고나 조언으로 그 사람을 통제하려 든다. 또는 상대가 위로를 받고 싶어 할 것이라고 추측해서 "직장인이 다 그렇지. 괜찮아."라는 말로 대화를 단절시키기도 한다. 너무 앞서가는 말이나 상황에 맞지 않게 안심시켜 주는 말을 하는 대신 "돈을 어떻게 모아야 하는지 고민이란 말이지?" "걱정이 많겠네." 와 같은 말로 시작하자. 상대가 경험하고 있는 상황을 인정하고 감정에 동의하는 것이 우선이다.

Yes and 대화법의 유명한 사례가 있다. 영국 의회에서 보건장관의 국민 보건에 관한 연설이 있었는데 야당 의원들이 대놓고 그를 헐뜯기 시작했다. "장관은 수의사 출신 아니오? 수의사가 사람의 건강에 대해 뭘 안다고 떠드는 거요?" 이 말을 들은 장관은 "네, 저는 수의사입니다. 혹시 어디가 편찮으시면 아무 때나 찾아오시지요."라고 답변했다. 이처럼 어떤 상황에 놓이더라도 Yes and 대화법의 장점을 잘 활용한다면 내공 있는 커뮤니케이터가 될 수 있다.

> **· 요약 ·**
>
> 90년대생들은 자아존중감이 높은 세대다. 우리는 가벼운 대화 속에서도 자신이 존중받고 있는지 무시당하고 있는지 알 수 있다. 사람은 자신의 반대 의견이나 거절 의사도 수용될 때 만족감을 느낀다. Yes and 대화법을 사용해서 상호 존중의 대화를 시작하자. 우선 상대방의 의견이 가진 긍정적인 면을 공감하고 이해한다. 그리고 자신의 의견을 주장하는 것이다.

· 활용 팁

1.

A: 과장님. 이번 워크샵은 외부 리조트를 빌려서 하는 게 어떨까요?

B: 그것도 좋은 생각이야. 그런데 요새 회사 사정이 좋지 않아서 말이야. 예산을 고려해서 다각도로 검토해 보자고.

2.

A: 돈이 모이지 않아서 고민이에요. 돈을 어떻게든 불려 보고 싶은데.

B: 그래, 걱정이 많겠네. 내 경험으로는 투자도 중요하지만 제일 먼저 지출 습관을 점검해 보는 게 필요하더라.

간섭 말고 관심을

90년대생은 항상 불안하다

요즘 젊은 세대들은 각자의 개성이 참 뚜렷하다. 과거의 신입 사원에 비해 연령대도 다양하고 입사 전 경험도 각양각색이다. 성격이나 취향이 다른 것은 말할 것도 없다. 이처럼 다양한 사람들을 모아서 한 방향으로 이끌어 성과를 내기란 어려운 일이다. 그 어려운 일을 해내기 위해서 리더는 구성원들을 끊임없이 관찰하고 관심을 기울여야 한다.

90년대생들은 부모의 과잉보호 속에서 자랐다. 자녀의 삶에 적극적으로 개입한 부모들 덕분에 그들의 자존감과 자의식은 한껏 높아진 반면 성인이 된 후로도 여전히 부모에게 의존하는 성향이 남아 있고 부모의 조언을 환영한다. "당신의 아버지가 대학 생활에 이어 직장생활에서까지 도움을 준다면 어떤 기분이 들겠습니까?"라는 질문에, 90년대생들은 "환영한다!"라고 답했다는 것이다. 90년대생들은 직장에서도 여전히 부모 역할을 해 줄 사람을 필요로 한다. 늘 내 주변에서 날 지켜보다가 도움이 필요한 순간 짠 하고 나타나는 슈퍼맘 같은 어른들을 원한다.[21]

어느 구성원이든 리더의 반응을 궁금해하며 좋은 평가와 인정을 받고 싶어 한다. 그러나 대부분의 리더들은 그런 반응을 잘 해 주지 않는 편이다. 자신이 지켜보고 있다는 사실을 당연히 알 것이라고 생각하거나 굳이 말할 필요가 없다고 여긴다. 또는 나와는 너무 다른 젊은 세대를 어떻게 이끌어야 할지 몰라 무관심을 선택하기도 한다. 리더가 그들만의 권리로 여기는 것들을 지금의 젊은 세대들은 잘 인정하지 않는다. 기대에 못 미쳐 지적을 하면 말대꾸도 잘한다. 자신의 생각을 분명히 밝히고 이를 관철하려는 직원도 늘어났다. 이 때문에 리더들은 괜히 관여했다가 없던 갈등을 키우는 것은 아닌지 걱정도 된다.

좋은 관계 유지에 집착하는 리더의 마음을 심리학에선 '굿 가이 콤

---

21 린 C·랭카스터·데이비드 스틸먼, 《밀레니얼 제너레이션》, 양유신 옮김(더숲, 2010)

플렉스(Good Guy Complex)'라고 칭한다. 이런 콤플렉스에 빠진 리더가 자주 하는 말이 있다. "좋은 게 좋은 거지." 이들 대부분은 갈등 상황에 놓이면 무시를 선택한다. 불만은 있지만 말은 하지 않는 행동, 즉 골치 아픈 상황과 상대를 외면해 버린다. 그런 상황이 반복되다 보면 자연히 직원들과 데면데면해진다.

리더가 지켜보고 있는지 아닌지 확신이 서지 않는 직원은 일을 진행하면서 불안함을 느낀다. 이런 방식으로 계속하는 게 맞는지, 자신이 방치되고 있는 것은 아닌지 늘 불안하다. 이런 현상은 아직 업무와 사회생활이 낯선 신입 사원에게 크게 나타난다. 그들은 자신이 하고 있는 일에 대한 자신감이 부족하기 때문에 쉽게 의욕을 잃고 성장의 기회를 놓친다. 마치 부모의 무관심 속에서 자란 아이가 훌륭하게 성장하기 힘든 것과 이치와 같다. 리더는 늘 구성원들에게 반응을 해 주고 자극을 주어야 마땅하다. 그렇지 않다면 리더가 아닌 단지 같은 회사에 다니는 나이 많은 동료가 될 뿐이다.

구성원들에게 관심을 표현하는 일을 과제처럼 생각하면 불편하고 어색할 수 있다. 평소에 관심 있게 관찰하고 느낀 점을 솔직하고 자연스럽게 표현하는 것부터 시작하자. 예를 들면 "○○ 씨. 예전보다 자료 관리가 더 완벽해진 것 같아."처럼 사소한 것이라도 지속적으로 관심을 가지고 지켜보고 있었다는 뉘앙스의 말을 해 주는 것이다. 리더의 이런 한두 마디는 구성원의 사기를 올려 주고 긍정적으로 업무에 몰입하게 만든다. 표현하지 않으면 사람은 알 수가 없다. 작은 사인(sign)부터 의도적으로 표현하는 습관을 들이도록 하자.

◇ 지켜보고 있다는 사인(Sign)

"**점점** 좋아지고 있네."

"고객에게 **늘** 정중하게 대하고 있구만."

"이 작업을 **이번에도** 혼자서 해냈다면서."

"**항상** 일찍 출근해서 신문을 챙겨 주니 고마워요."

관심을 표현하기

모 컨설팅 회사에서 팀의 실적과 관리자가 자주 쓰는 언어와의 관계를 조사한 적이 있다. 대부분의 관리자들은 자신의 팀원에게 "열심히 하게."라는 말을 자주 사용하고 있었다. 반면에 고성과를 내는 팀의 관리자들은 "열심히 하는군."이라는 말을 사용했다. 말투가 조금 다른 것뿐이지만 이 말을 듣는 팀원의 느낌은 달랐다.

사실 "열심히 하게."라는 말은 내심 '뭐야? 아직도 부족하다는 건가?'라는 생각을 들게 해 잘하고 있던 사람에게 오히려 큰 부담을 안겨 준다. 하지만 "열심히 하는군."이라는 말 속에는 상대방이 전부터 노력하고 있다는 사실을 잘 알고 있다는 의미가 포함되어 있다. "잘 보고 있네. 앞으로도 그렇게 열심히 해 주겠나?"라는 메시지가 담겨 있는 것이다. 자신의 노력을 꾸준히 지켜보고 있다는 이 같은 메시지는 '누군가가 나에게 관심을 가지고 있다.'라는 안도감과 힘을 준다.

리더는 평소에 관심을 표현할 수 있는 기회를 자주 만들어야 한다. 가장 쉬운 방법으로는 인사말에 관심의 말을 덧붙이는 것이다. 짧은 인사말에 한마디만 덧붙여도 충분히 관심을 표현할 수 있다.

◇ 인사말 + 관심의 말
　"좋은 아침." + "오늘도 잘 부탁해."
　"고마워." + "어제도 고생했다면서?"
　"수고했어." + "조만간 밥이라도 같이 먹지."
　"먼저 갈게." + "오늘은 너무 늦지 않게 들어가게."

리더는 항상 구성원들의 든든한 지원군이 되어야 한다. 자신이 어려울 때 믿을 곳이 있다는 것은 적극성을 가지고 일을 할 수 있게 만드는 힘이 있다. "내가 뭐 도와줄 일 없나?"라고 먼저 물어보자. 리더가 도와주겠다는 자세를 보이는 것은 결코 직원을 나약하게 만드는 일이 아니다. 아직 일이 미숙한 직원들에게 자신의 힘만으로는 부족한 일이 분명히 생긴다. 이때 지원군이 있다는 사실에 안도감을 느끼게 해서 더 성장할 수 있는 기회를 만들어 주어야 한다.

구성원들을 성장시키는 것은 나무 한 그루를 키우는 것과 같다. 싹이 텄을 때 물을 주어 성장을 돕고, 바람이 거세면 가지가 꺾이지 않게 막아 주어야 한다. 좋지 않은 방향으로 휘지 않도록 잔가지를 잘라 주며 돌봐야 한다. 세심한 관심으로 구성원들의 성장을 도와주는 리더가 진짜 리더다.

· 요약 ·

부모의 보호에 익숙한 90년대생들을 맞이한 리더는 늘 세심한 관찰과 관심으로 그들을 돌봐야 한다. 잘 지켜보고 있다는 반응을 해 줌으로써 관심을 표현할 수 있다. 직원은 리더에게 인정받고 싶어 하는데 리더가 이를 표현하지 않으면 자극받지 못한다. 너무 어렵게 생각하지 말고 일상 속에서 발견한 사소한 느낌부터 솔직하게 표현하자. 구성원이 리더의 테두리 안에 있다는 안정감을 느끼면 사기가 올라가고 긍정적인 마음과 자세로 일에 임하게 된다.

· 활용 팁

1. 지켜보고 있다는 사인(Sign)
"열심히 하게." (×)
"열심히 하는군." "점점 좋아지고 있네." (○)

2. 인사말 + 관심의 말
"고마워." + "어제도 고생했다면서?" "좋은 아침." + "오늘도 잘 부탁해."

말투가 꼰대를 만든다

　인크루트의 설문 조사 결과 직장인 10명 중 9명은 다니고 있는 회사에 '꼰대'가 있다고 밝혔다. 꼰대라는 단어는 옛날에도 존재했지만 최근에는 영국 BBC 방송에서 이슈가 되는 단어로 소개될 만큼 더 부각되었다. 꼰대는 구태의연한 사고방식을 손아랫사람에게 강요하는 직장 상사나 나이 많은 사람을 가리키는 말이다. 그중에서도 응답자들이 생각하는 꼰대 유형 1순위는 '답정너'였다. 답정너는 '답은 정해져 있으니 너는 대답만 하면 돼.'의 줄임말이다. 존중의 욕구가 큰 젊은 세대들이 기성세대와 소통하기 힘들어하는 이유가 반영된 결과이다.

답정녀가 즐겨 쓰는 말투

답정너 말투의 전형적인 사례들은 다음과 같다.

◇ 자랑형

"170센티미터에 49킬로그램이면 좀 살찐 편이죠?"

"토익 950점 받았는데 취업할 때 나쁘지 않은 수준인가요?"

위와 같이 자신의 외모나 능력을 강조하는 형태다. 객관적으로 자신의 스펙이 나쁘지 않은 걸 충분히 알고 있으면서 모르는 척하는 경우다. 그리고 자신의 말을 들은 사람들에게 '빨리 너무 좋다고 말해.'라는 답을 유도하는 점이 전형적인 답정녀의 말투다.

이런 질문을 하는 사람들 중에는 객관적인 답보다 공감을 받고 싶어 질문을 던지는 경우가 많다. 모 회사의 영업본부장 최 상무(56)는 직원들과 가끔씩 자유로운 분위기의 티타임을 갖는다. 어느 날 그는 직원들에게 "이젠 현장에서 영업하기에 내 나이가 좀 많지?"라고 물었다. 이때 한 직원이 "네. 솔직히 사무실에서 관리만 하셔도 될 나이죠."라고 대답했다. 그 이후로 그는 최 상무가 사 주는 커피를 먹어 보지 못했다는 우스갯소리가 있다.

누군가의 말에 공감을 해 준다는 것은 심리 반응이기 때문에 많은 에너지를 필요로 한다. 매번 상대에게 맞춰 주어야 하는 일방적인 대화는 금방 피로감을 주며 관계를 오래 유지하기 힘들게 만든다. 어떤 사이든 관계를 오래 유지하기 위해서는 상호 간 감정의 균형을 잘 맞추는 것이 중요하다.

다음은 회사에서 리더들이 가장 많이 사용하는 답정너 말투 유형이다. 마치 고문관이 원하는 대답이 나올 때까지 고문하는 장면을 떠올리게 하는 분위기를 만든다.

◇ **고문형**
박 선임은 상부에 보고할 비용절감방안을 팀원끼리 결정해 보라는 팀장의 특명을 받았다.

팀장: 이번 안건은 비용절감방안입니다. 주체적이되 의지를 담은 계획서를 제출해 주세요.
박 선임: (팀 회의와 자료 수집을 거쳐 파일 정리 후) 팀장님. 지난해보다 비용을 10% 절감시킬 수 있을 것 같습니다.
팀장: 너무 약하다고 생각하지 않나요? 20% 이상 갑시다! 의지를 담아서 다시 작성해 보세요.
박 선임: (언제는 주체적으로 하라며…….)

직장인의 애로사항에 단골로 등장하는 사례다. 회의에서 정해지면 그 결정에 따르겠다고 하고는 매번 막판에 딴소리를 하는 팀장. 그럴 거면 처음부터 본인이 정하지 왜 시간 낭비를 시키는 건지 이유를 모르겠다는 불만을 산다. 이러한 소통의 문제점은 직장생활에서 가장 회의감을 느낀다는 회의 문화를 조성한다.

대한상공회의소가 발간한 「국내 기업의 회의문화 실태와 개선 해법」 보고서에 '회의' 하면 떠오르는 단어로 '상명하달' '강압적' '불필요함' '결론 없음' 등의 부정어가 91.1%를 차지했다. '자유로움' '창의적' 같은 긍정적인 단어는 9.9%에 그쳤다. 이는 답정너 상사와 투명인간 직원의 문제로 이어진다. 회의 참석 시 내가 어떤 의견을 내도 존중되지 않을 가능성이 크기 때문에 침묵한다는 '투명인간형(39.0%)'이 가장 많고 이어 상사의 의견에 가급적 동조한다는 '해바라기형(17.1%)', 별다른 고민 없이 타인 의견에 묻어가는 '무임승차형(12.8%)' 등이 있다. 상황이 이렇다 보니 기업 내에서는 명확한 결론 없이 끝나는 무성과 회의(55.2%)가 많다. 부실한 결과로 인해 실행으로 연결되지 못하고 폐기되는 비효율적 회의(46.1%)도 많은 것으로 조사됐다.

불만을 직접적으로 표현할 수 있음에도 상대를 흔들기 위해 마치 면접관처럼 행세를 하는 유형도 있다. 표정이나 제스처 등 비언어적인 방법으로 불만을 표시하기 때문에 상대하는 입장에서는 가장 힘든 경우다. 이유를 물으면 모호한 태도와 함께 우회적인 표현을 쓰며 자신의 불만을 알아차리지 못하는 부하 직원에게 눈치가 없다며 화를 내기도 한다. 이런 말투는 원활한 의사소통에 방해가 되며 사람의 감정을 다치게 만든다.

◇ 면접관형

박 선임: (프레젠테이션을 마치며) 이상입니다.

팀장: (펜으로 테이블을 툭툭 두드리다) 이봐요, 박 선임.

박 선임: 네? 뭐 잘못된 점이 있습니까?

팀장: 진짜 몰라서 묻나?

박 선임: 아뇨. 무슨 말씀이신지…….

90년대생과 쌍방향으로 소통하기

조직에서 힘을 가진 사람은 지위가 높거나 의사결정권을 가지거나 나이가 많은 사람이다. 그리고 그들 중에는 힘을 이용해 억압적이고 묵살하는 말투로 모든 일을 자신의 뜻대로만 밀고 가는 사람들이 있다. 이는 불통으로 가는 지름길이다. 무슨 의견을 꺼내도 리더의 답이 정해져 있는 상황이 반복된다면 직원들은 곧 입을 닫고 말 것이다. 시대가 바뀌고 조직 구성원들이 바뀌면서 요구되는 리더의 역량도 바뀌고 있다. 현재는 권위를 내세우지 않아도 구성원들을 리드할 수 있는 수평적 리더십을 요구하고 있다. 수평적 리더십 하에서는 업무의 무게 중심이 실무자들에게 있다. 소통에 있어서 리더가 자신의 주장을 지나치게 표현하거나 지나치게 하지 않는 것 모두 문제가 된다. 쌍방향의 소통으로 진정한 교류를 이루었을 때만 수평적 리더십의 밑바탕을 다질 수 있다.

박노해 시인의 〈경계〉라는 시에는 '과거를 팔아 오늘을 살지 말 것'이라는 구절이 있다. 혹시 내가 과거의 경험에 집착한 나머지 내 생각을 타인에게 강요하고 있는 것은 아닌지 주의해야 한다. 나도 모르는 사이에 답정녀가 되지 않기 위해서는 다음과 같은 원칙을 가지고 대화해야 한다.

◇ 수평적 리더십을 위한 대화법

1. 주의해야 할 말투

"내가 해 봐서 아는데."

→ 내가 답을 주어야 한다는 강박증 버리기

"그것보다는 말이야."

→ 내 생각이 진리라는 생각 버리기

"아니야."

→ 수시로 말을 끊지 않기

"내 말대로 해."

→ 자신의 생각 강요하지 않기

2. 권장하는 말투

"그럴 수도 있겠네."

→ 공감을 적극적으로 표현하기

"어떻게 생각해?"

→ 많이 듣기 위해 열린 질문하기

·요약·

세대와 계층 간의 갈등과 분쟁은 언어와 소통 문제에서 비롯된다. 기성세대들과 다르게 요즘 젊은 세대는 수평적 구조의 소통을 선호한다. 물론 많은 리더들이 이러한 변화를 감지하고 수용하며 조직의 시너지를 위해 노력하고 있다. 하지만 간혹 조직의 목표보다 위계질서를 우선에 놓는 리더들이나 자신의 비위에 맞는 말만 하는 부하를 좋아하는 사람들이 있다. 평소 자신의 말투를 돌아보며 혹시 나도 모르는 사이에 '답정너'가 되어 있는 것은 아닌지 점검할 필요가 있다.

·활용 팁

1. 주의해야 할 말투

"내가 해 봐서 아는데." "그건 아니지." "그것보다는 말이야." "내 말대로 해."

2. 권장하는 말투

"그럴 수도 있겠네." "어떻게 생각해?"

스스로 선택했다고 느끼면 설득이 쉽다

생각할 시간과 선택의 기회를 준다

아이가 공부를 하려고 책을 집어 들었는데 엄마가 때마침 "○○아! 공부 안 할래?"라고 말한다. 그러자 아이는 공부할 마음이 싹 가셔 보려던 책을 덮어 버린다. 이 현상을 '심리적 반발 이론'이라고 부른다. 내 의지로 하려고 했지만 다른 사람에 의해 강요받는 상황이 되면 하기 싫어지는 것이다. 사람들은 대체로 남에게 구속받기를 거부하고 스스로 결정할 자유 의지를 원한다. 그 자유가 억압을 받으면 상대방의 요구에 반발심이 생겨 이런 현상이 나타난다.

90년대생은 전 세대를 걸쳐 가장 자유를 누리며 살아온 세대이다.

그들은 일터에서 역시 자신들의 자유와 유연성이 보장되길 바란다. 만일 타인에 의해 상황이 통제된다고 여겨지면 일터에서의 만족감이 현저하게 떨어진다. 이런 심리를 이용해 내 주장을 강요하지 않고 상대에게 통제권을 주는 대화법이 있다. '레토릭법(Rhtoric)' 또는 '수사적 질문법'이 그것이다.

레토릭법은 '~이다.'라고 단정해서 말하기보다 '~라고 생각할 수 있지 않을까?'라는 질문 형식을 사용하는 대화법이다. 실제로 대답을 듣기 위한 질문이 아니라 수사학적 효과를 위해 사용하는 질문이다. 말하는 사람은 이미 답을 가정하고 있지만 듣는 사람이 이에 참여하도록 기회를 주기 때문에 꽤 평화적으로 보인다. 이 표현은 흔히 설득이 요구될 때 쓰이며 직설적인 표현보다 더 강한 효과를 보이기도 한다.

예를 들어 '대학을 꼭 가야 할 필요는 없다.'를 강력하게 주장하기 위해 "대학을 나오지 않으면 행복하게 살 수 없는 걸까요?" "대학 졸업장이 꼭 필요할까요?"라고 질문을 던진다. 상대방이 스스로 '그래, 대학을 꼭 가야 할 필요는 없지.'라고 생각하게 만드는 방법이다. 이처럼 내 주장을 내세우기보다 상대방이 그렇게 생각하게끔 만드는 레토릭법은 효과적인 설득 기술이다.

세일즈 상황에서도 레토릭법을 활용할 수 있다. 세일즈맨들의 고민은 어떻게 해야 이 좋은 상품을 많은 사람이 살 수 있게 만들까이다. 우선 자신의 제품이 좋다는 확신을 갖는 것이 중요하다. 하지만 "우리 제품은 효능이 정말 좋아요. 구매해 주세요."를 고객에게 강요하면 고객은 부담을 느낀다. 내 주장을 단정 지어 내세우지 않고 질문으로 바꾸면 긍정적인 효과를 낼 수 있다. "재구매율이 높다는 것은 믿을 만하다는 것 아니겠습니까?" "구매하셔도 후회 없으실 것 같은데 어떠세요?"

미국 오하이오 주립 대학교의 로버트 번크랜트(Robert E. Burnkrant) 교수는 대학생들에게 다음과 같은 실험을 했다. 첫 번째 실험에서는 '학생에게는 엄격한 시험을 치르게 하는 편이 좋다.'라는 내용의 문장을 읽게 했다. 물론 이에 동의하는 대학생은 별로 없었다. 그다음으로는 '시험을 치르면 학생 자신에게 도움이 되지 않을까?' '시험은 학습을 촉진하지 않을까?'와 같은 레토릭을 넣은 문장을 만들어서 다시 읽게 했다. 그러자 이번에는 동의하는 학생이 늘었다. 말투만 바꿨을 뿐인데 다른 효과를 얻은 것이다.[22]

자유 의지가 강한 젊은 세대들은 기성세대들의 강요나 주장에 대해 부정적인 생각을 가지기 쉽다. '뻔한 말씀을 하고 계시네.'라고 생

---

22 나이토 요시히토, 《말투 하나 바꿨을 뿐인데》, 김한나 옮김(유노북스, 2017)

각할 가능성이 크다는 것이다. 따라서 그들을 다른 방법으로 설득할 필요가 있다. 요점은 같지만 강요가 아니라 그들에게 생각할 시간과 선택의 기회를 주는 것이다. 레토릭 질문을 받으면 마음속으로 질문에 대한 답을 미리 생각하게 되고 질문을 하는 사람과 함께한다는 마음을 갖게 된다. 우리는 말투 하나만 바꿔도 효과적인 대화를 할 수 있다는 사실을 많은 사례를 통해 알고 있지만 현장에서 자주 활용하지 못하고 있다.

직설법보다 강한 레토릭법

다음에서 제시하는 레토릭법을 익혀서 대화 시 유용하게 활용하도록 한다.

◇ 레토릭법을 활용한 대화 방법

1. 이미 확실하게 입증된 것을 질문하는 방법

"행복의 조건은 건강입니다."

→ "행복의 조건 중 가장 중요한 것은 건강 아니겠습니까?"

"고객 응대 시 미소를 지으세요."

→ "고객에게 미소 짓는 얼굴로 응대를 하면 고객이 어떻게 화를

낼 수 있겠습니까?"

"휴가 전에 일을 마무리해 놓고 가게."

→ "열심히 일하고 나서 휴가를 가면 더 즐겁지 않을까?"

2. 자신이 묻고 자신이 답하는 방법

"다이어트를 위해 식단 조절을 하세요."

→ "다이어트에 성공하려면 어떤 게 최선일까요? 그렇습니다. 가장 중요한 건 식단 조절입니다."

"솔선수범하는 상사가 좋은 상사입니다."

→ "좋은 상사는 어떤 상사일까요? 맞습니다. 솔선수범하는 상사입니다."

3. 질문을 던져 상대방이 자신의 말에 공감하도록 설득

"A제안서로 선택하세요."

→ "고객 관점에서 보면 A제안서가 훨씬 설득력 있어 보인다고 생각하지 않나요?"

"오늘은 회식에 빠지지 말도록!"

→ "그래도 함께하면 좀 즐겁지 않을까?"

물론 사람의 태도를 바꾸거나 자신을 따르게 할 때 직접적으로 표현하는 것이 훨씬 빠르고 쉬울 수 있다. 그러나 말은 상대와 마음을 나누는 일이다. 상대를 배려하지 않고 나누는 말에는 가시가 돋쳐 있을 수밖에 없다. 일부러 자기주장을 강력하게 내세워 서로 감정이 상하는 것보다 유연한 커뮤니케이션 능력을 키우는 게 효과적이다. 유연한 커뮤니케이션을 잘하는 리더는 구성원들에게 자발적 선택의 기회를 늘려 준다. 그리고 능동적으로 일할 수 있는 환경을 만들어 준다.

· 요약 ·

자유 의지가 강한 90년대생들은 타인에게 통제받는 것을 꺼려한다. 상사가 "~해라." 또는 "~하지 마라."라고 하면 오히려 반감이 생긴다. 설령 행동을 취하더라도 마음속에 하기 싫은 감정을 갖게 된다. 인간은 자신이 선택한 일에는 자발적이고 능동적으로 행동한다. 이런 심리를 이용하여 대화 시 '레토릭법'을 사용하면 설득력을 높이고 유연한 커뮤니케이션을 할 수 있다. 또한 때로는 내 의견을 주장하지 않고도 직설법보다 강력한 메시지를 전달할 수 있다.

· 활용 팁
1. 이미 확실하게 입증된 것을 질문
"고난 없는 성공이 어디 있겠는가?"

2. 자문자답형
"소통을 잘하려면 어떻게 해야 합니까? 그렇습니다. 서로 다름을 이해하는 것이 우선입니다."

3. 자신의 말에 공감하도록 질문으로 설득
"피할 수 없다면 차라리 즐기는 게 낫지 않을까요?"

존중에서 시작하는 수평적 커뮤니케이션

대화에 독이 되는 말투

90년대생들이 회사에 유입되기 시작하면서 구성원들이 젊어지고 있고 조직의 문화도 바뀌고 있다. 요즘 많은 기업에서 경직된 구조를 탈피한 수평적 조직 문화를 정착시키기 위한 시도를 하고 있는데 구성원 간 호칭 파괴가 그 예이다. 직급 대신 '님, 매니저, 프로, 선후배' 등 수평적 호칭을 사용하는 조직이 늘어났다. 또한 회의 시간에는 상호 존댓말을 사용하여 적극적이고 자유로운 의사소통을 장려하고 있다.

이런 제도 덕분에 조직 문화가 변하고 효율적인 소통 문화를 갖추게 되었다는 긍정론이 많다. 하지만 이런 형식적인 방법만으로는 조직 문화가 바뀌지 않는다는 회의론도 만만치 않다. "예전엔 홍길동 부장님 눈치를 봐야 했다면 요새는 홍길동님 눈치를 본다."라는 의견처럼 상명하복의 의사결정 구조가 쉽게 바뀌지는 않는다는 것이다. 오래된 가치관과 인식의 변화는 하루아침에 이루어지지 않는다. 그러나 상호 존중의 마음을 갖기 위한 첫걸음으로 수평적 호칭제를 사용하는 것은 나름의 의미가 있다.

우리는 사람을 종적인 관계로 두고 보는 습관을 가지고 있다. 종적인 관계란 무의식중에 상하, 우열, 승패, 옳고 그름을 판단하는 마음의 습관이다. "너는 아직 미숙해." "너는 수준이 떨어져." "너는 아직 몰라." "너의 생각은 틀렸어."라는 생각과 말이 나오는 이유는 바로 종적인 관계 때문이다. 나와 상대방은 다른 성격, 가치관, 흥미, 경험을 가지고 있다. 나도 옳고 상대방도 옳다는 기본 태도 없이는 상호 존중을 실천하기 어렵다. 자기만 내세우는 대화법으로는 제대로 된 의사소통이 이루어질 수 없다.

"아주 걸레질을 하는구만." 모 국회의원이 백그라운드 브리핑을 위해 당 회의실 앞의 바닥에 앉아 있던 출입 기자들을 보면서 한 막말이다. 백그라운드 브리핑이란 공식 회의나 브리핑이 끝난 뒤 진행되는 비공식 질의 시간이다. 그러나 마땅히 대기할 자리가 없어서 기자들은 대부분 회의 장소 바닥에 앉은 채로 취재 경쟁을 해야 하는데

이 모습을 보고 '걸레질'이라고 표현을 한 것이다. 이 말을 들은 기자들은 경멸감에 충격적이라는 반응이었고 기자들에 대한 비하 발언으로 논란을 샀다.

"여러분들이 아랫것들을 대할 때는⋯⋯." 모 조찬회에서 인간관계 강의를 진행한 어느 연사의 발언이다. 사회적으로 덕망이 있다는 분을 어렵게 모셔 강의를 의뢰했고 더군다나 강의 주제는 '사회생활에서의 우호적인 인간관계'에 관한 것이었다. 평소 직원을 아랫것들로 대하는 사람의 강의를 들은 참석자들의 평가는 싸늘할 수밖에 없었다.

관계소통 연구의 대가 가트맨 박사에 의하면 대화에는 독이 되는 네 가지 말투가 있다고 했다. 비난, 방어, 경멸, 담 쌓기이다. 경멸은 상대를 무시하거나 얕잡아 보는 의식에서 시작되는데 경멸의 말투는 모멸감이나 하찮은 취급을 받았다는 느낌을 주기 때문에 불쾌감이나 저항감을 일으킨다. 앞의 예시들은 모두 듣는 사람들에게 경멸감을 주는 말투다. 이 외에도 상대의 가치를 평가 절하해 의사소통에 문제가 생기지 않도록 조심해야 한다. 학력, 성별, 직업, 나이 등이 특히 주의가 필요한 주제들이다.

한마디 더하기로 존중과 배려의 느낌 전달하기

수직적인 커뮤니케이션이란 상대에 대한 존중이 없는 대화다. 반면 수평적인 커뮤니케이션은 대등한 입장에서 서로를 인정하면서 하는 대화다. 아들러 심리학에서는 이를 상호 존경, 상호 신뢰 관계의 소통이라고 한다. 상대의 나이의 많고 적음, 직위가 높고 낮음, 경험이 있고 없음을 기준 삼지 않고 인간으로서 서로 존중하는 자세를 전제로 커뮤니케이션을 하는 것이다. 상대를 존중하는 대화라는 것은 서로 대등한 입장에서 서로를 인정하며 하는 대화다.

예를 들면 "내일 미팅합시다."보다는 "내일 미팅해도 괜찮겠습니까?"라는 말투가 상대의 주체성을 인정해 주는 존중의 말투이다. "내일 미팅합시다."와 같은 말을 갑자기 듣게 되면 '왜 내 스케줄을 자기 맘대로 정하지?'라는 반감을 사기 쉽기 때문에 단정 짓는 말보다는 질문의 형태로 바꿔 주는 것이다. 평소 사용했던 딱딱한 말에 "괜찮겠습니까?" 한마디만 덧붙여도 말투를 쉽게 바꿀 수 있다.

이를 커뮤니케이션에서는 쿠션언어라고 부른다. 앉을 자리를 고를 때 딱딱한 의자와 쿠션이 있는 의자 중 사람들은 무엇을 더 선호할까? 많은 사람들이 푹신하고 편안한 쿠션이 있는 의자를 선택할 것이다. 이러한 쿠션은 대화 속에서도 존재한다. 딱딱하게 전달될 수 있는 말을 부드럽게 연결시켜 주는 언어가 바로 쿠션언어다. 쿠션언어는 상대에게 존중과 배려의 느낌을 준다. 따라서 대화에 친밀감이 생겨 긍정적 반응을 이끌어 내는 데 매우 효과적이다.

◇ **다양한 쿠션언어**

"괜찮으시다면……." "실례합니다만……." "바쁘시겠지만……." "이해해 주신다면……." "죄송합니다만……." "번거로우시겠지만……." "폐를 끼쳐 죄송한데……." "어렵게 오셨는데……." "제 생각을 말씀 드리면……."

예시

"회의 좀 합시다." (×)
"갑자기 말해서 미안한데 지금 회의 가능할까요?" (○)

"내일 다시 회의합시다." (×)
"번거롭겠지만 내일 다시 시간 내줄 수 있겠어요?" (○)

"이것 좀 처리해 줘요." (×)
"바쁜데 미안해요. 좀 도와줄 수 있을까요?" (○)

처음에는 이런 표현을 쓰는 게 어색해 잘 되지 않는다. 그러나 의식적으로 쿠션언어를 사용하다 보면 관계는 물론 서로의 의견을 조율하는 데에도 많은 도움이 된다. 상대방이 배려와 존중을 받고 있다고 생각하기 때문에 조직 내에서 적극적이고 자유로운 의사소통이 가능해진다.

나이가 어리고 지위가 낮은 사람에게 존중 언어를 쓰기란 쉽지 않다. 하지만 존경받는 리더들의 대부분은 후배나 직원에게 정중한 말투를 사용한다. 뛰어난 판단력과 업무 능력, 명확한 업무 지시 등 리더십을 결정하는 요소는 많다. 여기에 상대방에 대한 존중까지 갖춘다면 진심으로 나를 따르는 사람이 많아지게 되고 존경받는 리더로 거듭날 수 있게 된다.

· 요약 ·

90년대생들이 회사에 유입되기 시작하면서 요즘 많은 기업에서 경직된 구조를 탈피한 수평적 의사소통을 추구하고 있다. 그러나 타인을 존중하는 기본 태도 없이는 존중의 커뮤니케이션이 실천되기 어렵다. 이때 쿠션언어를 한마디만 더해도 딱딱한 말을 부드럽게 바꿀 수 있고 존중의 느낌을 전달할 수 있다.

· 활용 팁
"괜찮다면……." "미안하지만……." "바쁘겠지만……." "번거롭겠지만……."

젊은 세대에게 조언을 구하는 용기가 젊은 조직을 만든다

한 손으로는 휴대전화를 터치하고 컴퓨터 화면 하단에 뜬 메신저를 확인해 답장을 보낸다. 그러면서 엑셀로 통계표를 만들고 있다. 이 직원은 몰입해서 일을 하고 있는 직원인가 아니면 대충 일하는 직원인가? 요즘 젊은 세대의 여러 가지 특징 중 하나가 멀티태스킹(Multi-tasking) 능력이다. 기성세대가 일하던 방식대로라면 일할 때는 한 번에 하나씩이라는 원칙을 강요하고 싶다. 하지만 그러기에는 여러 가지 일을 동시에 잘 수행하는 모습을 보인다. 젊은 세대들은 성장하는 과정에서부터 멀티미디어 기계가 익숙했기 때문에 일하는 방식에서도 기성세대와 차이가 난다.

리버스 멘토링 열풍

최근 기업에서는 젊은 세대의 직원들을 통해서 그들 세대의 관심사, 최신 트렌드를 알고 싶어 한다. 젊은 세대에게 선택받지 못한 기업에게 미래는 없을 거라는 생각 때문이다. 그 방법으로 리버스 멘토링(Reverse Mentoring)을 소통 창구로 삼는 기업이 점차 늘고 있다. 리버스 멘토링이란 기성세대가 젊은 세대를 가르치는 기존 멘토링의 반대 개념으로, 젊은 세대가 기성세대를 멘토링한다는 의미다. 최근 많은 기업에서 리버스 멘토링의 효과를 최대한 살리기 위한 노력을 하고 있다.

대표적인 성공 사례가 '구찌(GUCCI)'이다. 구찌는 젊은 세대에게 '비싼데 촌스러운 브랜드'로 시대에 뒤쳐졌다는 평가를 받았다. 2015년 새로운 CEO 마르코 비자리는 새로운 변화를 시도한다. 그중 하나가 '리버스 멘토링'의 도입이었다. 구찌는 30세 이하의 젊은 직원들로 구성된 '그림자 위원회'를 구성했고 그들의 아이디어가 적극 반영되면서 모피 사용 금지, 중성적인 디자인, 로고 변형 등 과거에는 상상조차 못했던 결과물이 나왔다. 20~30대는 새로운 구찌에 열광했고 그 결과 2018년 4분기에는 세계에서 가장 인기 있는 명품 브랜드라

는 명성을 다시 얻게 되었다.[23]

리버스 멘토링의 사례는 국내에도 있다. 소노호텔&리조트는 2018년 12월부터 3개월 동안 신입 사원과 임원이 한 조를 이뤄 리버스 멘토링을 실시했다. 이들은 나일리지(나이와 마일리지의 합성어), 마상(마음의 상처), 개취(개인의 취향) 등의 신조어를 배우는 것으로 워밍업을 하고 월별 미션을 수행했다. 젊은이들이 선호하는 스파 브랜드와 맛집을 함께 찾아다니며 젊은 세대의 감각과 소비 성향을 알아보는 시간을 가졌다. 그 결과 프라이빗 꽃 클래스 개설, 호텔 잔여 공간의 전시장화 등 사업의 변화를 일구었다. 멘토링에 참여한 인력개발팀 매니저는 "리버스 멘토링이 조직 문화의 유연화와 생산성 제고에 기여했다."라고 말했다.

리버스 멘토링이 효과적으로 이루어졌을 경우 따라오는 장점은 여러 가지가 있다. 세대 간의 정보 교류를 통해 최신 시장 트렌드의 대응력을 강화할 수 있다는 점, 수직적인 조직 문화가 자연스럽게 개선되면서 서로 간의 이해도와 유대감이 높아지는 점, 젊은 세대의 목소리가 존중되면서 기업 문화가 좀 더 젊어지고 활력이 넘쳐 경쟁력이 생긴다는 점 등이다.

---

23 주간동아, 김지영, 「리버스 멘토링에 신사업 전망이 '쑥', 체질 개선은 '덤'」 2020.2.16.

젊은 세대들에게 조언을 듣는 데 꼭 리버스 멘토링 제도가 필요한 것은 아니다. 리더는 자신이 모르는 것이 있으면 언제나 젊은 후배나 부하 직원에게 적극적으로 도움을 요청할 수 있어야 한다. 그러나 대부분의 사람들이 나보다 어린 사람에게 조언을 구하는 것을 자존심 상하는 일로 여긴다. 리더라고 해서 모든 것을 다 알 수는 없다. 오늘날처럼 기술의 발전이 빠른 시대에서는 IT 기술이나 외국어 능력 등은 젊은 세대들이 기성세대보다 더 뛰어난 경우가 많다. 내가 모든 것을 안다는 생각, 자신이 가진 고루한 지식을 어린 사람에게 강요하는 행위는 매력 없는 리더가 되는 지름길이다.

90년대생에게 조언 구하기

빠르게 변화되는 트렌드나 자신이 모르는 분야는 이를 잘 아는 젊은 사람에게 적극적으로 묻도록 하자. 그런 적극적인 모습은 오히려 리더로서 신뢰를 보여 주는 행위이기도 하다. 또한 답변을 해 주는 직원들은 자신들이 선배나 리더를 뒷받침해 주는 중요한 사람이라는 생각에 자존감이 높아지기도 한다. 단, 조언을 구할 때는 막연한 질문은 피하도록 한다.

"인터넷을 잘하려면 어떻게 해야 해?" "90년대생과 소통을 잘하려면 어떻게 해야 해?" "이 계획서 좀 봐줄래?" 이런 질문보다는 자신이 현재 궁금한 점이나 필요한 것을 구체적으로 물어보는 것이 좋다. 그래야 후배도 구체적으로 조언해 줄 수 있다.

"김열심 씨는 정보 검색을 빠르게 잘한다. 비결 좀 알려 줄래?" "최근에 영어 공부할 만한 좋은 앱 좀 추천해 줄래?" "요즘 20~30대들에게 인기 있는 베스트셀러는 뭐야?" "이 상품을 리뉴얼하고 싶은데 좋은 아이디어 있을까?" "디자인에 젊은 감각이 반영되길 원하는데 계획서 좀 체크해 줄 수 있을까?"

요즘 젊은 세대는 실시간으로 메시지를 주고받는 모바일 인스턴트 메신저를 활발히 사용한다. 직접적인 만남이나 공식적인 미팅을 잡아 멘토링 활용을 하는 것도 좋지만 가급적이면 이들에게 맞춰서 SNS를 활용한 커뮤니케이션을 늘려 보도록 하자. 이렇게 하면 IT에 대한 친숙도나 활용도가 함께 높아질 것이다.

모바일로 안부 묻기, 생일에 기프티콘을 보내 주기, 필요한 정보가 있으면 모바일 메신저로 주고받기 등의 방법이 있다. 특히 젊은 세대들은 이모티콘을 활용하여 자신의 감정이나 상태를 전달하는 만큼 대화 시 이모티콘을 활용해 보는 것도 좋다. 온라인상에서 지켜야 할 예의를 지켜 주며 오픈, 공유, 리액션을 해 준다면 충분히 그들과 친해질 수 있다.

주의할 점은 SNS와 같은 온라인 자체가 기성세대와 젊은 세대의 관계를 친밀하게 해 주는 수단은 아니라는 점이다. 오프라인상의 신뢰 형성을 위한 노력이 선행될 때 온라인에서도 좋은 관계를 맺을 수 있다. 커피숍을 적극 활용하기, 점심시간에 산책하기, 회사 근처 맛집 탐방 등 함께 즐거운 감정을 느끼며 유대관계를 맺을 수 있는 방법을 택한다.

나도 모르는 사이 후배에게 많은 것을 배우고 있다는 사실을 깨달았다면 한번쯤 솔직하게 말해 줄 필요가 있다. 감사하는 자세를 잊어서는 안 된다.

"김열심 씨가 일하는 방식을 보고 내가 새로운 것을 알게 됐어. 고마워." "김열심 씨랑 같이 일하니까 참 든든하다. 내가 생각하지 못한 것들을 챙겨 줘서 고마워." "이 분야만큼은 나도 김열심 씨에게 한 수 배워야 될 것 같아."

기성세대들의 이런 솔직한 고백은 젊은 세대들에게 큰 기쁨이 되며 더 의욕적으로 일하고 싶은 마음을 만들게 될 것이다.

리버스 멘토링 또는 자신보다 직급이 낮거나 어린 사람에게 조언을 구하는 행동이 모든 조직에서 성공적이진 않다. 이러한 소통이 성공하기 위해서는 젊은 세대의 이야기를 귀 기울여 듣고 받아들일 준비부터 해야 한다. 조직이론가 칼 웨이크(Kal Weick)는 예측 불가능한 조직들이 나타나면서 21세기 리더들은 자만심을 줄이고 더 겸손해져야 할 것이라고 주장했다. 멘토가 아무리 좋은 조언을 한다고 하더라도 멘티가 이를 겸손하게 받아들이지 않는다면 소용이 없다. 과연 나는 90년대생 직원의 의견을 받아들일 자세를 어느 정도 갖추고 있는지 스스로 자문해 보아야 한다.

· 요약 ·

오늘날처럼 기술과 트렌드 변화의 속도가 빨라지고 있는 시대에서 내가 가진 지식의 절반은 이미 쓸모없는 것일지도 모른다. 따라서 세대 간의 정보 교류를 통해 얻을 수 있는 장점에 대해 더 많은 고민을 해야 한다. 기성세대가 젊은 세대의 의견을 경청하기란 좀처럼 쉬운 일은 아니다. 하지만 좀 더 활기찬 조직 분위기와 신선한 아이디어를 원한다면 그들과 자주 소통해야 한다. 리더가 젊은 세대의 목소리를 수용할 수 있는 넓은 마음과 적극적으로 조언을 구하는 용기를 가질 때 세대 간의 격차는 줄어들고 조직 문화는 좀 더 젊고 건강해질 수 있다.

· 활용 팁

1. 질문은 구체적으로
"디자인에 젊은 감각이 반영되길 원하는데 계획서 좀 체크해 줄 수 있을까?"

2. 감사의 표현은 잊지 않고
"김열심 씨가 일하는 방식을 보고 내가 새로운 것을 알게 됐어. 고마워."

에필로그

수년간 많은 기업과 조직에서 리더십, 커뮤니케이션 강의를 진행하면서 일하기 좋은 회사, 잘나가는 회사가 되기 위한 출발점은 항상 '소통'이라는 것을 확신할 수 있었다. 소통이 잘되는 회사는 구성원 간 관계도 좋았고 성과도 좋았다. 반면에 불통인 회사는 많은 문제점을 안고 있었고 리더부터 관계의 단절을 부르는 말투를 사용하고 있었다.

많은 사람들은 커뮤니케이션 전문가들에게 질문한다. "다른 사람과 소통을 잘하려면 어떻게 해야 합니까?" 사실 묘책은 없다. 피하지 말고 대화를 자주 시도하는 것밖에 왕도는 없다. 단, 소통을 잘하기 위한 전제 조건은 있다. 바로 나와 다른 것을 틀린 것으로 인식하지 않고, 이해하고 존중하는 일이 선행되어야 한다는 점이다. 타인에 대한 이해와 존중이 바탕이 돼야 다양한 커뮤니케이션 이론이나 스킬들이 효과를 발휘할 수 있다.

그동안 출간된 세대 탐구에 대한 저서들과 연구 자료를 참고해서 공통적으로 가장 많이 언급하고 있는 특징만을 선별하기 위해 애를 많이 썼다. 90년대생들이 왜 그런 특징을 보이는지 사회적인 맥락을 함께 이해한 후에 이 책에서 제시하는 대화법과 말투를 실천한다면 90년대생과 조직에서 성공적으로 함께할 수 있을 것이다. 상황별 표현들을 활용해서 90년대생과 소통을 하는 데 작은 도움이라도 될 수 있기를 바란다.

책을 쓰기까지 사랑하는 가족의 도움이 컸다. 우리 가정은 세대 공존의 보고나 다름없다. 베이비붐세대인 남편, X세대인 나, 밀레니얼 세대인 큰아들, Z세대인 작은아들. 한 집에 네 세대가 모여 살고 있다. 이 책을 쓰는 동안 세대 차이에 대한 모티브를 많이 얻음과 동시에 가족을 이해하는 데 큰 도움이 되었다. 특히 2000년생인 큰아들 윤호는 이 책의 주요 모델이자 자료 수집에 많은 도움을 주었다. 내가 책을 쓸 수 있게 지탱해 준 가족에게 고맙고 사랑한다는 말을 꼭 전하고 싶다.

밀레니얼의
일, 말, 삶

ⓒ 김미라, 2020

초판 1쇄 발행 2020년 11월 27일
2쇄 발행 2021년 1월 11일

지은이   김미라
펴낸이   이기봉
편집   좋은땅 편집팀
펴낸곳   도서출판 좋은땅
주소   서울 마포구 성지길 25 보광빌딩 2층
전화   02)374-8616~7
팩스   02)374-8614
이메일   gworldbook@naver.com
홈페이지   www.g-world.co.kr

ISBN   979-11-6536-368-0 (03190)

이 도서의 국립중앙도서관 출판예정도서목록(CIP)은 서지정보유통지원시스템 홈페이지(http://seoji.nl.go.kr)와 국가자료공동목록시스템
(http://www.nl.go.kr/kolisnet)에서 이용하실 수 있습니다. (CIP제어번호 : CIP2020047418)